청소년 지도사라 다행이야

광진청소년수련관 시끌 지음

양철북

목차

2부 청소년 지도사라 다행이야

책을 펴내며

북드림 프로젝트는 아이들에게 했던 말의 실천입니다

'시끌'. 이는 서울시립 광진청소년수련관의 또 다른 이름입니다. 흔히 '시끄럽다'는 말은 산만하고 부산스럽기 짝이 없는 부정적인 상황을 묘사할 때 쓰이지만, '시끌시끌하다'거나 '시끌벅적대다'는 말이 주는 어감은 좀 다릅니다. 명절날 오랜만에 시골 고향집에 모인 가족들이 정겹게 대화 꽃을 피우는 모습이나 재래시장에서 물건 값을 흥정하는 사람들의 생기 넘치는 삶을 떠올리게 해주니까 말이지요.

그래서입니다. 언젠가부터 골목길과 놀이터를 채우던 아이들의 밝은 웃음소리가 잦아들고, 그 대신 곳곳에 들어선 학원들 주위로 드나드는 통학 차량들의 시끄러운 소음만 가득한 이 도시에서 이곳 광진청소년수련관 만큼은 시끌벅적대는 아이들의 목소리를 다시 되찾고 싶었습니다. 적어도 여기에 머무는 시간 동안만이라도 아이들이 시험 성적 따위는 잊어버리고, 폭력과 왕따에 시달릴 걱정 없이 친구들, 선생님들과 웃고 떠들며 마음껏 끼를 발산하고 호기심을 채우기를 바라고 또 바랐습니다. 그것이 바로 우리가 수련관의 공식 명칭에 감히 '시끌'이라는 이름을 붙인 이유였습니다.

2006년 6월에 문을 연 광진청소년수련관은 서울시 광진구의 어느 한강변 자락에 자리하고 있습니다. 앞으로는 쭉 뻗은 강변북로가 지나고, 뒤편으로는 아담한 아차산을 배경으로 아파트와 주택가, 상점들이 빼곡 들어선 전형적인 대도시 동네의 한 귀퉁이에 위치해 있지요. 그 자체로는 특별할 것 하나 없는 이곳은, 그러나 누군가에게는 분명 아주 특별한 공간으로 자리매김하고 있습니다. 학교와 학원, PC방 이외엔 딱히 갈 곳 없던 많은 청소년들이 이곳에서 스스로 자치 운영위원회를 꾸리고, 다양한 동아리와 봉사 활동에 참여하며, 미래의 진로와 직업을 모색해나가고 있으니 말이지요. 그리고 불과 마흔 명에도 못 미치는 청소년 지도사들과 직원들이 국내 유일의 천체 관측실과 천체 투영관을 운영하고, 성교육과 각종 특기 교육, 문화 체험 프로그램을 진행하면서 그들의 자아 성장과 인성 개발을 돕는 역할을 담당하고 있습니다.

그런 가운데 2019년 새해를 맞이하며 지난 한 해 동안 차곡차곡 준비한 새로운 시도의 결과물을 세상에 내놓게 됐습니다. 청소년 지도사의 역할과 현장에서의 고민, 그리고 바람을 담은 이 책 『청소년 지도사라 다행이야』가 바로 그것이지요. 애초 출판이라는 미지의 영역에 도전할 생각을 처음 밖으로 끄집어낸 건 2017년 가을의 일이었습니다. 이곳 수련관을 찾는 청소년들의 자아 성장과 올바른 인성 형성에 보다 더 큰 기여를 하기 위해서는 일상적으로 그들을 대하는 우리 스스로가 직업에 대한 자긍심을 갖는 게 우선이며, 그를 위해서는 청소년 지도사에 대한 사회적인 인식을 끌어올리고 제도와 환경을 개선할 필요성을 글로써 제기해보자는 생각에서 비롯된 제안이었습니다. 그래서 수련관 직원들 전체를 대상으로 '북드림 프로젝트'라는 이름 아래 출간 아이디어를 공모했고, 제출된 기획안들에 대한 외부 전문가와 내부의 엄정한 평가를 거쳐 김진영 선생님의 'You Know? 청소년 지도사' 안이 최종안으로 선정되었습니다. 이후 이듬해 2월부터 실무 태스크포스를 구성해 책의 뼈대를 다듬고, 지도사 선생님들에게 원고를 청탁하면서 본격적인 출간 준비에 박차를 가했습니다.

물론 그 과정 하나하나가 결코 건너기 쉽지 않은 가시밭길이었던 것도 사실입니다. 그렇지 않아도 바쁜 업무 시간을 쪼개고 또 쪼개 자료를 모으고, 글쓰기에 매달린다는 게 말처럼 그리 쉬운 일이 아니더군요. 무엇보다 세상에 자신 있게 내놓을 만큼의 매끄럽고 전문적인 글을 써본 적이 없는 우리가 이런 투박하고 아마추어 냄새가 폴폴 나는 글들을 감히 독자들 앞에 내놔도 되는 건가 하는 걱정이 든 적이 한두 번이 아니었습니다.

그럼에도 중간에 포기하지 않고 마침내 이 책이 세상의 빛을 보게 된 것은, 이것이 결코 몇몇 개인들의 또 다른 업무 외의 업무가 아닌 '우리 모두'의 노력과 애정의 결과물이기 때문일 것입니다. 실제로 분량이 제한된 관계로 인해 제출된 초고들을 책에다 일일이 다 실을 수는 없었지만, 본문에 실린 원고에는 직원들 한 사람 한 사람이 쓴 초고의 내용들이 곳곳에 녹아 들어가 있다는 점을 강조하고 싶습니다. 책에서 각 장마다 필자의 이름을 따로 명시하지 않은 것도 그런 이유에서였습니다. 이 지면을 빌어 우리 직원 선생님들 모두에게 감사와 박수를 보냅니다.

그리고 또 하나 강조하고 싶은 부분은, 이 책의 출간을 가능하게끔 해준 가장 큰 계기이자 원동력은 결국 우리 아이들, 즉 우리가 수련관에서 일상적으로 만나는 청소년들이라는 점입니다. 우리는 현장에서 늘 아이들에게 꿈과 가능성과 도전을 이야기합니다. 비록 남들이 보기엔 터무니없이 부족하고 보잘 것 없을지라도, 내가 원하고 해볼 만하며 가치 있다고 믿는 일이라면 언제든 도전해보라고 말입니다. 이 책을 통해 우리가 아이들에게 그간 해왔던 말을 스스로 실천에 옮긴 것 같아 더없이 뿌듯하고 자랑스럽습니다.

마지막으로 이 책이 나오기까지 기꺼이 수고를 보태준 분들도 빼놓을 수 없겠습니다. 출간 아이디어를 처음 제안했던 오광진 전 관장, 기획에 대해 조언을 해주고 심사에도 참여해 준 강민수 뉴스타파 기자, 이재한 전 서울시NPO센터 팀장, 장윤실 학부모독서모임 회장, 그리고 원고 교정과 제작을 맡아준 최재훈 도서출판경계 대표에게 다시 한 번 고맙다는 말씀 전합니다.

2019년 1월, 광장동에서

광진청소년수련관 직원 일동

만화

청소년의 내일(來日)을 내 일로 품은 사람들

은정수

명절엔 모처럼 가족친지들이 모여
서로의 안부를 묻고 즐거운 한때를
보낸다던데 …
나는 매번, 쏟아지는 질문에
답하느라 고단한 하루를
보낸다.
지영아, 네가 뭐한
다고 했지?
APT
고모! 또
잊으셨어요?
청소년 지도사요!
그게 뭐라니?
학교 선생님
같은 건가?
어허! 이 사람 무식하긴!
그건 시험 쳐서 국가가 인정해
주는 거고, 이건 …
청소년 지도사도
시험 봐서 따는
국가 자격증이여!
아빠 …
시험만 보간? 자격 요건이
을매나 까다로운지 몰러~
청소년 관련 학과를 나오든가
관련 과목을 이수해야 겨우~~~
시험 치를 자격이 주어지구~
시험에 합격해도 연수 과정을
거쳐야 될 수 있는 겨! 고것이!
그래서? 지금 어디 근무
하는데? 구청?
비슷해요~ 청소년 수련관이라고
청소년들이 찾기 쉬운 도심 곳곳에 정부 예산으로
운영되는 종합수련시설에서 일하죠.

숙박 시설을 갖추고 캠프를 운영하는 청소년수련원도 있고
진로 교육, 국제 교류, 자원 봉사, 동아리 활동을 전문으로 하는
특화 시설도 있어요~
잘은 모르겠지만 … 국가가 자격을 인정해주는 거라 여기저기 일할 곳은 많은가 보네~
쟤가 내 조카라서 하는 소리가 아니라, 어릴 때부터 대견한 구석은 있어.
학교 다닐 때도 온갖 애들 고민 다~ 들어줄 만큼 의젓했다니까~ ♪
하하 … 지금도 그래요. 아이들과 함께 하는 게 너무 즐거워요~
어디보자~ 애들한테 상담해주는 사진인가?
응? 아닌데 …?
이게 뭐야? 이건 … 드론? 드론 날리는 거잖니?
진로에 대한 고민이 많은 아이들과 다양한 체험 활동을 통해 함께 길을 찾는 거죠~
하
이건 또 뭐구? 애들하고 휴대폰으로 영화도 찍니?
동아리 활동이요. 아이들이 어찌나 뿌듯해하던지 …
뭐야? 지도사라며? 하라는 공부들은 안 하고 … 애들하고 놀 궁리나 하는 게 일이야?
그러게~ 난 또, 고상하게 상담 같은 거나 하는 줄 알았지.

아유~ 어디 분야가 하나 겠어요? 저처럼 프로그램을 기획하고 진행하는 청소년 지도사들도 있고요.
사회배려계층의 청소년들에게 사회복지서비스를 제공한다든가 청소년 보호와 안전 분야에서 활동한다든가
고모랑 고모부가 그토록 기대하는(?) … 청소년 상담 분야만을 전문적으로 하는 지도사들도 있고 … 다양한 청소년들이 있는 만큼 지도사의 활동 분야도 꽤 다양하죠~
야아~ 암튼 너도 참 사서 고생이다.
풋
엄마! 무슨 말을 그렇게 해? 엄마 같은 사람들 때문에 누나가 더 힘든 거야!
엄마 부끄럽게 뭐하는 거라니?
저 놈의 자식! 어디서 성질이야?! 고등학교 입학하자마자 게임에 빠져 코빼기도 안 보이던 놈이!
그래서요? 이제 게임에서 손 뗀 것도 모르시면서 …
뭐? 뭐라? 언제? 왜 … 때문에?
실은 … 영찬이가 지난 방학 때 저를 찾아왔어요.
뭣이?!
사방이 벽 같았어요! 목표도 없고, 있다 해도 뭘 해야 할 지 모르겠고 … 그러다 봉사활동에 참여하면서 흥미도 생기고 적성이란 것도 찾았다고요!

아니 그럼, 말을 하지 그랬니?
애들하고 놀 궁리나 한다는 삐딱한 시선이, 누나는 가장 힘든 거라 했어요.
저도 그런 소린 듣고 싶지 않았고요 …
휴일에 제대로 쉬지도 못하고, 활동이 없는 평일엔 행정 업무도 장난이 아니라던데 …
정말 너무하시네요.
미안하다, 지영아! 나는 그런 줄도 모르고 …
저같이 한심한 애한테도 귀기울여준 건 지도사 선생님들 밖에 없었어요 …
흥
그런 소리 하지마~ 다들 넘는 산을 넌 좀 힘들게 넘었을 뿐이야.
어른들은 사회라는 틀에서 어쩔 수 없이 똑같은 빛을 내야 한다면 …
청소년들은 각기 다른 빛을 내는 형형색색의 별들과도 같아.
청소년 지도사는 그 각각의 아이들이 내는 다양한 빛을 편견 없이 포용하고
더 빛날 수 있도록 스스로 검은 밤하늘이 되어야 한다고 생각해~
여보 … 나의 학창 시절에도 저런 지도사가 계셨다면 … 난 지금과 다른 삶을 살지 않았을까?
뭐래? 이 인간이 …!
나랑 만나지 않았을 거란 거야?!
아빠! 그래도 머리는 벗겨지셨을 걸요~
ㅋ ㅋ
APT
뭐야, 다들 너무하네!
하 하

1부
청소년 지도사란 누구인가

1장

청소년 지도사는 어떤 일을 하나

익히 알려진 아프리카 속담 가운데 "아이 하나를 키우려면 마을 전체가 필요하다"는 말이 있다. 이는 아이가 태어나 자기 삶의 주인으로 성장해나가는 데에 있어 비단 부모뿐만 아니라 공동체 전체의 노력이 얼마나 중요하고 절실한 지를 단적으로 강조한 말이다. 그러나 과거의 농경 사회와는 달리 오늘날의 파편화된 산업 사회에서는 아쉽게도 그 '마을'의 존재가 개개인의 성장에 미치는 영향이 극히 미미하거나 제한적이다. 그래서 공동체의 책임을 대신해 아이의 교육을 담당하도록 제도화된 것이 학교라는 기관이며, 너나 없는 관심과 애정으로 아이의 성장을 돕던 마을 사람들의 빈자리를 보다 체계적이고 전문적인 지식과 교육 방법으로 채워준 이들이 바로 '선생님'들이다.

그런데 흔히 선생님이라고 할 때 우리가 머릿속에 떠올리는 인물들은 주어진 테두리 안에서 고정된 인물상을 가지고 있다. 아이가 자라면서 어린이집에서부터 출발해 유치원, 초중고, 대학교를 단계별로 거치며 만나게 되는 교사, 혹은 교수의 이미지로 말이다. 그러나 규격화된 지식보다 갈수록 창의력과 상상력, 인성이 강조되는 현대 교육에서 선생님의 범주는 비단 기존 제도권 교육에 종사하는 이들에만 국한되지 않는다. 이 책에서 소개하고자 하는 청소년 지도사는 바로 그런 전통적인 선생님의 개념에서 벗어나 있는, 아니 그 개념을 더욱 확장시킨 사람들이라 할 수 있다.

아마도 초중고 교육에 직접적으로 종사하거나 청소년과 관련된 일을 하는 사람이 아니라면, 이 글을 읽는 여러분들 중에는 청소년 지도사라는 명칭 자체를 처음 들어본 이들도 적지 않을 것이다. '지도'라는 단어가 주는 어감 때문에 비행 청소년을 선도하거나 어린이 해병대 캠프에서 얼차려를 주는 빨간 모자의 교관으로 오해하는 사람도 한둘이 아닐 테고 말이다.

아주 간단히 설명하자면, 청소년 지도사는 청소년을 대상으로 한 시설과 기관, 단체에서 각종 활동을 기획하고 진행하는 사람들이다. 우리가 익숙하게 알고 있는 사회 복지사라는 직업이 주로 노인과 아동, 장애인, 여성 같은 사회배려계층을 대상으로 복지 업무를 담당하는 일이라면, 청소년 지도사는 그 대상이 딱 청소년에 초점을 맞추고 있다고 보면 금세 이해가 될 것이다. 또 변호사나 의사, 교사들처럼 청소년 지도사 역시도 청소년 분야에서 국가가 그 자격을 공식적으로 인정하는 일종의 전문 직업군이라 할 수 있다. 실제로 사회적인 인식과 처우가 거기에 얼마나 부합하는지 하는 부분은 논외로 치더라도 말이다.

물론 국가에서 공인한 청소년 지도사 자격증이 없어도 다양한 청소년 단체* 나 사회단체들에서 나름의 사명감을 가지고 고군분투하는 전문가들도 상당수 존재하는 게 사실이다. 이러한 전문가들을 보통 청소년 활동가로 통칭하고 있는데, 청소년 지도사는 청소년 활동가보다 협의의 개념으로서 둘은 국가 자격증 취득 여부에 따라 구분된다고 보면 될 것이다. 그러나 사실 개인적으로는 자격증 유무와 상관없이 청소년 지도사보다는 청소년 활동가라는 명칭을 더 선호하는 편이다. 어느 일방이 다른 상대방을 가르치고 이끈다는 '지도'의 개념보다 '활동'이라는 개념이 청소년들과 좀 더 수평적으로 관계 맺고 소통하며 함께 동행하는 의미를 강하게 내포하고 있기 때문이다.

아무튼 이들은 오늘날 저출산 고령화와 청년 실업, 4차 산업 혁명 같이 급변하는 사회 변화 속에서 '오늘과 내일의 주인공'인 청소년들이 삶의 질과 자질, 역량을 함양하고 꿈을 키워나가는 데 있어서 든든한 버팀목이자 협력자 역할을 담당하고 있다. 좀 더 구체적으로 설명하자면, 이들이 종사하는 청소년 분야는 ①청소년 활동, ②청소년 복지, ③청소년 안전과 보호, ④청소년 상담의 4개 분야로 다시 세분화될 수 있다. 그리고 각각의 분야에 맞게 청소년 수련관, 청소년 수련원, 청소년 상담복지센터, 청소년 쉼터, 청소년 문화의집, 학교 밖 청소년 지원센터, 청소년 미디어센터, 청소년 캠핑장, 청소년 진로직업체험센터와 같은 전문 기관들이 설치돼 운영되고 있으며, 여기에다 4개의 전문 분야를 포괄적으로 결합해 운영하고 있는 청소

* 청소년 단체는 크게 YMCA, 흥사단, 청소년연맹 등과 같이 청소년 관련 활동을 하고 있는 사회단체와 청소년문화공동체 '품', 고교학생회연합, 청소년의회 같이 청소년들이 자치적으로 구성해 활동하고 있는 조직으로 구분 가능하다.

년 단체, 학교, 청소년 관련 기업, 청소년 육성 전담 공무원 등이 추가될 수 있겠다. 그럼 지금부터는 각 분야별로 한 걸음 더 들어가 하나씩 짚어보는 걸로 하자.

청소년 활동

청소년 활동이란, 자원봉사 활동, 댄스·미술·음악 등의 동아리 활동, DMZ 체험 캠프나 드론 체험 같은 수련 활동, 축제와 어울림 마당 같은 문화예술 활동, 과학이나 스포츠 등의 취미 활동을 모두 아우르는 개념이다. 청소년활동 진흥법 제2조(정의)에서는 이를 "청소년이 예술·스포츠·동아리·봉사 활동 등을 통하여 문화적 감성과 더불어 살아가는 능력을 함양하는 체험 활동을 말한다"고 정의내리고 있다. 이런 법적 규정에 따라 청소년 활동 분야는 자치구별로 운영되고 있는 청소년 수련관과 숙박 시설을 갖춘 청소년 수련원에서 진행되는 프로그램들의 중심축을 이루고 있다. 이 책을 펴낸 광진청소년수련관을 예로 들어 설명하자면, 2018년을 기준으로 이곳 수련관에는 청소년 운영위원회 '아리솔'과 벽화봉사단 '꾸미'를 비롯한 모두 13개의 자치 동아리와 25개의 지원 동아리에서 약 500여 명의 청소년들이 활동하고 있다. 이들은 평소에는 동아리의 성격에 맞는 자체 활동을 하다가 청소년 어울림 마당이나 통일 한마당, 동아리 댄스 경연대회 같은 공동 행사가 기획되면, 각자의 장기를 가지고 그간의 활동 성과를 뽐낸다. 이렇게 연중 진행되는 프로그램만 해도 자치 활동, 문화 체험, 방학 캠프, 지역 연계 활동 등 9개 분야에서 21개에 달하며, 여성가족부의 지원을 받아 7회째 진행된 '꿈과 사람 속으로' 해외봉사 활동처럼 때로는 국경을 넘나들면서 활동이 이뤄지기도 한다.

광진수련관에서는 이 모든 일들을 5명의 청소년 지도사들이 도맡아 감당하고 있다. 이들은 행사를 기획하고, 실무를 준비하며, 행사 당일 프로그램을 진행할 뿐만 아니라 관련 예산의 집행과 결산, 사업 평가까지 척척 해내는 만능 재주꾼들이다. 따라서 이러한 분야에서 일하고자 한다면, 프로그램을 개발하고 진행할 수 있는 역량을 기본적으로 갖추고 있어야 한다. 그리고 향후 평가에서 긍정적으로 평가된 부분들을 더욱 발전시킬 수 있는 창의력과, 비판적으로 지적된 사항을 기꺼이 수용해 고쳐나갈 수 있는 개방적인 자세도 필수 덕목이라 하겠다. 물론 여러모로 고생스러운 건 두말하면 잔소리다. 그러나 그만큼의 보람이 뒤따르는 일이기도 하다. 각기 다른 개성과 성장 배경을 가진 아이들을 다독이고 이끌어 서로 한데 어우러지게 만드는 건 한편의 연극을 무대에 올리는 과정에 비길 만하며, 그 과정에서 청소년 지도사는 제작자이자 연출과 같은 역할을 담당하는 사람들이기 때문이다.

청소년 복지

청소년 지도사의 업무 중 복지 분야는 사회 복지사가 하는 업무와 마찬가지로 사회배려계층 가운데서도 청소년에 특화된 복지를 제공하는 업무를 말한다. 흔히 지역 주민들을 대상으로 가사 말벗 서비스, 밑반찬 지원 서비스, 평생 교육 서비스 등을 제공하는 종합 사회 복지관이나 여성과 노인의 경제적 자립 기반 마련과 취미 활동들을 통한 삶의 질 향상을 도모하는 여성 복지관, 노인 복지관처럼 청소년 수련관에서도 청소년의 복지를 위한 일들을 한다. 구체적으로 사회배려계층 청소년을 대상으로 한 드론 교육 같은 프로그램, 상담 및 캠프 참여 비용의 할인 또는 무료 제공 등의 예산 지원, 다문화 가정 및 새터민 가정 청소년의 활동 지원 등등 여러 프로그램이 마련되어 있다.

청소년 보호와 안전

청소년 지도사의 업무 가운데 청소년 보호 분야는 청소년의 건전한 성장에 유해한 물질·물건·장소·행위 등 각종 청소년 유해 환경을 규제하거나 청소년의 접촉 또는 접근을 제한하는 것을 말한다. 특히 청소년 보호법 제4조(사회의 책임)는 사회적 책임의 일환으로 "누구든지 청소년 보호를 위하여 ▲청소년 유해 환경 출입 금지 및 보호, ▲청소년 유해 매체물·약물 및 청소년 폭력·학대 등을 알게 되었을 때 이를 제지하고 선도 및 신고·고발 등의 조치 의무, ▲청소년 유해 업소에서의 청소년 고용 및 출입 금지를 위한 자율 노력 등 필요한 노력을 하여야 한다"고 규정하고 있으며, 뒤이은 제5조에서는 국가와 지방 자치 단체의 역할과 책임을 규정하고 있다. 이처럼 청소년에 대한 보호는 사회 전체에 그 책임을 부여하고 있는 것이다.

그 중에서 청소년 지도사는 청소년 보호를 위해 아동학대 긴급 지원 활동과 추방 캠페인, 술·담배 등 청소년 유해 환경 감시와 캠페인 활동, 인터넷과 모바일상에서의 청소년 유해 매체 모니터링 및 관련 프로그램 활동, 인터넷·스마트폰 중독 예방 및 상담과 관련 프로그램 활동 등과 같이 청소년의 몸과 정신 건강을 해칠 수 있는 제반 사회 환경을 감시하고 예방하며 개선하기 위한 활동과, 더 나아가 법률적 조치 등의 업무를 최일선에서 담당하고 있다.

예를 들어 최근 스마트폰 게임 중독이 사회적으로 문제가 되면서 서울시의 경우 모두 6곳의 인터넷 중독 상담예방센터가 설치돼 운영되고 있다. 그곳에서는 인터넷 게임 중독으로 도움이 필요한 청소년과 부모들에게 전문적인 상담과 치유를 제공하고, 스마트폰을 활용한 영상 제작과 디지털 예절 교육 같이 건강한 디지털 문화를 조성하기 위한 활동을 진행하고 있는데, 현장에서 그런 역할을 도맡아하는 이들이 청소년 지도사들이다.

한편 2000년대 초반으로 접어들면서 국토순례 지도자의 반인권적인 행태와 해병대 캠프 안전사고 등이 잇달아 터져 나오면서 기존의 청소년 보호에 안전 항목이 추가되어 '청소년 보호와 안전' 분야로 그 영역이 확장되게 된다. 특히 온 국민을 충격과 안타까움으로 내몰았던 2014년 세월호 참사 이후 청소년 안전 분야는 더욱 더 중요성이 강조되는 추세다. 이런 흐름 속에 도입된 제도 가운데 하나로는 청소년 수련 활동에서의 안전에 관한 사전 신고 의무화 제도인 '청소년 수련 활동 인증제'를 들 수 있다. 청소년 수련 활동 인증제는 청소년활동 진흥법 제35조에 의거해 시행되는 제도로서, 청소년이 안전하고 유익한 청소년 활동에 참여할 수 있도록 일정 기준에 따라 프로그램을 심사하여 인증하고 있다. 청소년의 성장 발달과 욕구를 바탕으로 프로그램을 운영하는지, 관련 전문가를 적절하게 배치했는지, 활동 환경이 적정한지, 보험에는 가입했는지, 안전 관리 계획은 세워졌는지 등을 꼼꼼하게 따져보고 나서야 해당 프로그램을 인증하고 시행을 허락하는 것이다.

또한, 청소년 수련관 같은 전문 시설에서의 안전한 활동을 위해 청소년 활동 진흥법 제18조 3항에 의거한 '청소년시설 종합 안전 점검' 제도도 갖춰져 있다. 청소년 시설 안전 점검의 전문성 강화와 공정성 확보 차원에서 해당 분야의 전문 공공 기관과 협력해 건축·토목·기계·소방·전기·가스 등 6개 분야를 정기적으로 점검하고 진단하는 것이다. 그리고 그 결과는 여성가족부와 서울시 등 담당 정부 조직 산하의 각 청소년 시설에 대한 평가에 중요하게 반영되고 있다.

요컨대 청소년 보호와 안전은 청소년 지도사의 중요한 책임과 역할 중 하나이며, 시간이 흐를수록 그 중요도가 점점 더 강조되는 추세에 있다.

청소년 상담

청소년 지도사의 업무 중 청소년 상담 분야는 심리 검사, 성격 유형 검사, 집단 상담 검사, 심리 상담 치료 같은 전문적인 상담 활동과 청소년 성문화 의식 개선 및 성적 감수성 증대 활동에 관련된 활동 분야이다. 하지만, 상담 분야는 상담 이론, 심리 분석 능력, 비밀 보호에 대한 훈련, 검사 및 치료와 관련된 전문 능력 등이 특별히 요구되기에 '청소년 상담사'라는 별도의 자격증이 필요하다.

청소년 상담사는 기본적으로 청소년 기본법에 의거해 운영되는 자격 분야인데다 청소년을 공통분모로 하고 있어 청소년 지도사와 쌍둥이처럼 인식되고 있다. 청소년 상담사가 되기 위해서는 발달 심리, 집단 상담의 기초, 심리 측정 및 평가, 상담 이론, 학습 이론 같은 전문 능력을 갖추어야 한다.

등급	검정과목		검정방법	
	구분	과목		
1급 청소년상담사	필수영역	상담사 교육 및 사례지도 청소년 관련 법과 행정 상담연구방법론의 실제	필기시험	면접
	선택영역	비행상담·성상담·약물상담·위기상담 중 2과목	필기시험	면접
2급 청소년상담사	필수영역	청소년 상담의 이론과 실제 상담연구방법론의 기초 심리측정 평가의 활용 이상심리	필기시험	면접
	선택영역	진로상담·집단상담·가족상담·학업상담 중 2과목	필기시험	면접
3급 청소년상담사	필수영역	발달심리 집단상담의 기초 심리측정 및 평가 상담이론 학습이론	필기시험	면접
	선택영역	청소년이해론·청소년수련활동론 중 1과목	필기시험	면접

오늘날은 청소년복지 지원법 제29조 "특별시·광역시·도의 청소년 상담복지센터는 청소년 상담사 3명 이상을 두고, 시·군·구 청소년 상담복지센터는 청소년 상담사 1명 이상을 배치한다"는 기준에 따라 기초 지방 자치단체별로 청소년 상담복지센터가 설치, 운영되고 있다. 서울만 보더라도 25개 모든 자치구에 센터가 운영되고 있으며, 전국적으로는 아직 설치되지 않은 지역이 남아있긴 하지만 약 300여 곳의 청소년 상담복지센터가 있는 것으로 파악된다. 이와 별도로 학교마다 학내 청소년 상담과 복지를 지원

하는 'Wee센터'를 의무적으로 설치하게 되어 있는데, 위에서 언급한 상담복지센터뿐만 아니라 Wee센터에도 청소년 상담사가 배치돼 활동 중이다.

참고로 청소년 상담복지센터는 상담 후 일정 금액을 지불하는 유료 방식으로 운영되고 있으며, 무료를 원하는 경우에는 학내 Wee센터의 문을 누드릴 것을 권장한다. 이곳은 초,중,고등학교에 소속된 학생이라면 누구나 이용 가능하며, ▲Wee클래스, ▲Wee센터, ▲Wee스쿨, ▲가정형 Wee센터로 세분화되어 있다. Wee클래스의 경우 학생 또는 학부모가 직접 신청하거나 담임 선생님 면담을 통한 의뢰가 가능하고, 나머지 센터는 전화 문의나 직접 방문을 통해 평일(월~금) 9시~18시 사이에 신청 후 바로 상담이 가능하다. 또한 평일에 상담을 받을 때에는 학교에 등교하지 않아도 Wee센터를 이용한 사실만으로 출석을 인정받을 수 있다. 이밖에도 온라인 상담 기관에 접속하거나 국번없이 117번, 1388번, 1366번을 누르면 다양한 전화 상담도 가능하다.

한편 2018년에 접어들며 한국 사회 역시도 세계적 차원에서 진행된 미투(Me Too)와 위드유(With You) 운동의 자장 속으로 자연스레 빨려 들어간 바 있다. 그 과정에서 학교내 성폭력 문제를 고발한 '스쿨 미투' 운동도 확산되기 시작했는데, 이는 우리 사회 속의 왜곡된 성문화를 바로잡기 위해서 청소년기부터 올바른 성 가치관을 형성하는 것이 얼마나 중요하며, 청소년 시기에 제대로 된 성교육이 얼마나 절실한지를 새삼 절감하게 해주었다. 따라서 예전부터 설치돼 운영되어 오던 청소년 성문화센터의 역할도 더불어 부각되는 추세로, 아동청소년 성보호에 관한 법률에 근거해 만들어진 청소년 성문화센터는 현재 서울시에 8곳, 전국적으로 60곳이 운영 중에 있다. 성문화센터 종사자는 청소년 지도사나 청소년 상담사 자격증이 필수 요건이며, 청소년 지도사의 경우에는 체계적인 상담 분야 교육을 통해 청소년 상담 능력을 키워야만 성문화 교육 등에서 강사 역할을 담당할 수 있다. 그래서 성문화센터에서는 보통 청소년 상담사를 바로 채용하거나, 소속된 청소년 지도사들로 하여금 청소년 상담사 자격증을 취득하도록 적극적으로 유도하고 있다.

4개 분야가 접목된 현장 활동

지금까지 소개한 청소년 사업의 4개 전문 분야는 보통 기관별로 나뉘어져 이루어지고 있다. 청소년 활동은 청소년 수련관와 청소년 문화의집, 청소년 상담은 자치단체의 청소년 상담복지센터와 성문화센터 시설, 청소년 복지는 청소년 쉼터와 청소년 상담복지센터, 청소년 보호와 안전은 청소년 유해 환경 감시단 및 인터넷 중독 상담예방센터 등에서 주되게 담당하고 있는 것이다.

하지만 실제 현장에서 진행되는 활동에서는 4개 전문 분야가 서로 결합되어 운영되는 경우가 대부분이다. 예를 들어 청소년 활동 분야인 국토순례 캠프나 자원 봉사 활동을 진행하는 경우 프로그램 기획과 실행 과정에서 보호와 안전이 최우선적으로 강조되고 있으며, 참가자를 모집할 때는 사회배려계층 청소년의 참여를 권장 내지 의무화하고 있고(복지). 참가 청소년을 위한 청소년 지도사의 코칭과 평가 및 상담은 이미 보편화되어 있다(상담). 마찬가지로 청소년 수련관에서 진행하는 드론 교육 같은 청소년 문화 프로그램(활동)의 경우에도 사회배려계층 청소년은 수강료 할인을 받고 있으며(복지), 사회배려계층 청소년만을 대상으로 하는 문화 프로그램이 따로 운영되기도 한다.

기타 분야

100년이 넘는 역사를 자랑하는 흥사단, 한국YMCA, 청소년 단체인 한국청소년연맹, 한국스카우트연맹 등은 척박한 환경 속에서도 청소년 활동의 명맥을 꾸준히 이어온 대표적인 단체들이다. 이런 단체들에는 조직 관리, 홍보, 행사 기획 및 진행, 회계 운영 지원과 같은 업무를 담당하는 청소년 활동가들이 있다. 각 조직의 특성에 따른 편차는 있지만, 이들은 청소년 수련관 등의 청소년 시설과 순환 근무를 하기도 한다.

또한 서울시 등 대다수 지방 정부에서는 단체들(=법인 조직)에게 청소년 시설의 운영을 위탁하고 있기도 하다. 이 경우 해당 시설 기관장에 대한 인사권은 법인의 대표에게 있다. 보통 법인 조직은 품성과 경험, 업무 능력, 리더십 등을 종합적으로 평가해 기관장을 임명하는데, 이 과정에서 법인 조직과의 원활한 업무 협력과 법인 조직의 활동 목적과의 상호 시너지 효과를 고려해 법인 조직에서의 상근 활동 경험을 중요하게 반영한다. 따라서 먼 훗날 청소년 시설을 직접 이끌어가고픈 꿈을 가진 청소년 지도사라면 먼저 법인 조직에서 상근 활동을 경험하는 것도 하나의 좋은 선택이 될 수 있을 것이다.

청소년 지도사 활동분야(출처 : 청소년 지도사종합정보시스템)

한편 '청소년 육성 전담 공무원' 제도에 대해서도 잠시 언급할 필요가 있겠다. 공무원의 순환 보직제 등으로 인한 업무의 일관성 결여와 청소년 정책에 있어서의 전문성 부족 문제를 해결하기 위해 청소년 기본법 제25조 "지방 자치 단체의 청소년 관련 부서 등에 청소년 육성 전담 공무원을 둘 수 있다"는 조항에 의거해서 2015년부터 도입된 이 제도는 아직 몇몇 자치구에서 실험 수준에 머물러 있지만, 문재인 현 정부는 아직 초기 수준인 이 제도를 더욱 확대하겠다는 내용을 100대 국정 과제에 포함시킨 바 있다. 일단 청소년 육성 전담 공무원으로 임용되기 위해서는 청소년 지도사나 청소년 상담사 자격증의 취득이 필수적이며, 이미 마포구, 수원시 등에서는 이들에게 청소년 정책의 입안에서부터 시설 관리, 프로그램 기획 같은 청소년 업무 전반을 일임하고 있다.

이 밖에도 청소년과 관련된 사업을 하는 회사에서 청소년 지도사를 직원으로 채용하는 사례도 있고, 학교 선생님들이 청소년 지도사 자격증을 취득하는 경우도 생겨나고 있긴 하나, 아직까지 보편화되지는 못하고 있다.

2장

청소년 지도사, 그 이름의 시작

—

'청소년기는 제2의 탄생이다.' - 장 자끄 루소

'한 나라의 장래를 보려면 그 나라의 청소년들을 보라. 하루의 계획은 새벽에 세우고, 일 년의 계획은 봄에 세우고, 일생의 계획은 청소년기에 세운다.' - 명심보감

사람들은 흔히 청소년기를 가리켜 인생의 황금기라 부르곤 한다. 비록 미래에 대한 막연한 불안, 부모와 학교로부터의 과도한 기대와 그로 인한 억압, 서투른 감정 조절과 관계 맺기에서 오는 내면의 혼란으로 점철된 시기일 지라도, 어쨌든 그 기나긴 시간의 터널을 지나온 뒤 가끔씩 우리는 '그래도 그 때가 제일 아름답고 좋을 때였지'하고 습관처럼 되뇐다. 과연 왜 일까? 그 이유 중 하나는 아마도 '가능성'일 것이다. 어른이 되고 난 뒤

에는 마치 성장판이 닫히듯 미래의 가능성들이 차례로 닫혀가는 현실을 깨닫는 반면, 그 시절 우리는 무엇이든 될 수 있을 것만 같았고 동시에 그 무엇도 되지 않을까 불안해했다. 바로 그럴 때 "보라야, 넌 할 수 있어. 힘을 내!"라는 누군가의 격려 한 마디에 나의 인생이 바뀌기도 하고, 유독 나에게는 그런 말을 해줄 그 누군가가 없다고 느낀 이들은 어린 나이에 일찌감치 상실과 좌절을 경험하기도 한다.

청소년 지도사는 지금 질풍노도의 시기를 겪고 있는 청소년들에게 그러한 격려를 말과 행동으로 전해주는 바로 그 '누군가'이고자 하는 사람들이다. 오히려 가까운 가족이라서, 하루 종일 수많은 아이들을 상대하느라 그런 역할을 하지 못하는 부모와 학교 선생님을 대신해, 생활 속에서 아이들의 가능성을 발견하고 용기를 북돋아주는 인생의 조력자로 기억되고픈 이들이 우리 청소년 지도사인 것이다. 비록 사회적으로는 아직 그 직업적 가치를 제대로 인정받고 있지 못할지라도, 우리가 그 시절 느꼈던 사람에 대한 결핍과 갈증을 지금 내 앞의 아이들만큼은 느끼지 않게 해주고 싶은 마음, 힘겨운 시기를 통과하는 그들의 오늘과 미래를 위해 밑거름 한 알이나마 더 보태고자 하는 열정, 그것이 우리가 가진 최고의 무기가 아닐까 한다.

직업으로서의 첫 걸음

사실 청소년 지도사라는 직업에 대한 개념이 정립되고 그 존재와 역할이 공식화 된 것은 그리 오래 전 일이 아니다. 유네스코*한국위원회는 1977년 청소년 지도자 연수를 위한 '유네스코 청년원'을 설립하였다. 그리고 1985

* 유엔 교육과학문화기구(United Nations Educational, Scientific and Cultural Organization)

년 유네스코 청년원이 펴낸 한국 청소년 활동 지도자 연수 교재에서 청소년 지도사를 "청소년을 주된 대상으로 삼아 그들을 만나는 사람으로서 청소년 관계의 전문 지식을 습득한 전문 직업인, 또는 자원 봉사자로서 청소년 활동 분야에 종사하는 사람"으로 정의한 게 첫 시작이었다. 이후 유네스코 청년원은 30년 가까이 청소년 지도자 연수, 국제 청년 캠프 등을 실시하면서 청소년의 참여를 통해 유네스코의 이념을 실현하는 연수 활동의 중심으로 자리매김 해오다 2001년에 한국국제협력단(KOICA)의 외부 연수를 지원하는 등 그 기능이 확대되면서 유네스코 문화원으로 개정되었고, 2006년 유네스코 평화센터로 개칭되어 운영 중에 있다.

그 뒤 1991년 청소년 육성법을 대체한 청소년 기본법이 제정되었다. 그 속에 "청소년 기본법 제21조 제1항에 의거해 응시자격을 갖춘 사람이 청소년 지도사 자격시험에 합격하고 청소년 지도사 연수 기관에서 실시하는 연수 과정을 마친 후 국가(여성가족부 장관)으로부터 자격을 부여받은 자"라는 조항이 포함되면서 청소년 지도사는 법률적인 근거를 갖추게 되었다. 그리고 한국 청소년 기본계획(1992~2001)에 근거하여 1993년 처음으로 국가 공인 청소년 지도사가 양성, 배출되게 된다.

이렇게 전문 자격증 제도가 생겨나고 어느덧 25년이라는 세월이 지났다. 그렇다면 강산이 두 번 바뀌고도 절반의 시간이 더 지난 오늘에 이르기까지 청소년 지도사 자격시험은 과연 어떤 변화 과정을 거쳤을까? 한마디로 말해, 대학 수학 능력 시험이 그랬던 것처럼 청소년 지도사 시험도 많은 변화를 겪어왔다.

1993년 시험이 처음 생겼을 때엔 사전 연수에 참가해야 시험을 볼 수 있는 자격이 주어졌다. 이런 사전 연수 조항은 1998년까지 지속되다가 1999년부터 사라지고, 자격시험을 통과한 후 합격자 연수를 받는 것으로 대체되었다. 그와 동시에 검정시험 과목 또한 크게 바뀌게 되는데, 2,3급 자격시험에 봉사 활동, 야외 활동, 레크리에이션 등 13개 전문 선택 과목 중 1과목을 선택해 시험을 보도록 한 게 대표적이었다. 그러나 전문성을 끌어올리기 위한 이런 조치는 너무 많은 과목이 한꺼번에 늘어난 데 따른 변별력 저하와 과목 간 난이도 조절의 실패 같은 문제점을 노출하게 된다. 이에 2005년부터는 현장 실무자와의 형평성을 고려하여 전문 선택 과목을 폐지하고, 대학에서 검정과목을 이수한 자의 필기시험을 면제하는 방향으로 나아가게 된다. 이후 현재까지 1급 5개 과목, 2급 8개 과목, 3급 7개 과목으로 운영되고 있으며, 그 과목들은 아래의 표와 같다.

구분	과목수	과목명
1급	5과목	청소년연구방법론, 청소년인권과 참여, 청소년정책론, 청소년기관 운영, 청소년지도자론
2급	8과목	청소년육성제도론, 청소년지도방법론, 청소년 심리 및 상담, 청소년문화, 청소년 활동, 청소년 프로그램 개발과 평가, 청소년 문제와 보호, 청소년복지
3급	7과목	청소년육성제도론, 청소년지도방법론, 청소년 심리 및 상담, 청소년문화, 청소년 활동, 청소년 프로그램 개발과 평가, 청소년 문제와 보호

한편 자격시험 운영 주체에 있어서도 2010년에 한 차례 큰 변화를 맞게 되는데, 기존에 한국청소년개발원이 담당하던 청소년 지도사의 검정을 여

성가족부와 한국산업인력공단, 한국청소년진흥원, 이렇게 3개의 기관에서 나눠 맡게 된 것이다. 가장 최근인 2014년부터는 서류 접수 및 심사 업무가 한국산업인력공단으로 완전히 이관되며 오늘에까지 이르고 있다.

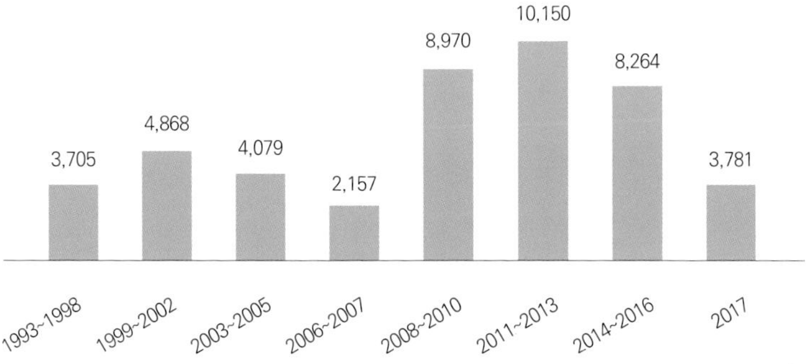

청소년 지도사 자격취득현황 (출처 : 청소년 지도사종합정보시스템)

청소년 지도사를 키워내는 요람

이렇게 청소년 기본법이 제정되고 자격증 제도가 시행되면서, 그와 동시에 미래의 청소년 지도사들을 전문적으로 가르치고 길러낼 필요성이 대두되었다. 그에 따라 명지대학교에서 우리나라 최초로 청소년지도학과를 신설하였고, 그 뒤 전국 각지의 여러 대학과 대학원에서 잇달아 관련 학과를 설치하게 된다. 2017년 교육통계 서비스에 따르면 교육대학과 산업대학 등의 특수대학을 제외한 총 327곳의 일반대학교 및 전문대학 가운데 청소년 지도학, 상담, 복지 등을 체계적으로 배울 수 있는 과정이 마련된 학교는 45곳에 이른다. 거기에 덧붙여 전문대학원 및 특수대학원을 제외하고 총 27개 대학원에 관련 학위 과정이 마련되어 있기도 하다. 이를 합쳐 전체 72곳의 관련 전문대학과 대학, 대학원을 지역별로 살펴보면, 서울에 20곳과 인천을 포함한 경기도에 16곳 등 딱 절반이 수도권에 분포돼 있으며, 충청남도 11곳, 경상북도 5곳, 전라남도 5곳, 부산 4곳, 충청북도 3곳, 전라북도 3곳, 대전 2곳, 대구 2곳, 광주 1곳의 순이다.

그렇다면 여기에서는 주로 어떤 지식들을 습득하게 되는 걸까? 4년제 대학교를 기준으로 살펴보면 대략 다음과 같다. 먼저 1학년 때는 청소년지도학의 기초 능력을 기르기 위한 전공 기초과목을 수강한다. 2, 3학년 때는 본격적인 전공 학습을 하게 되는데, 청소년 기관 운영론, 청소년 육성 제도론, 청소년 리더십론, 청소년 심리 및 상담 같은 청소년 지도와 관련 행정 업무에 필요한 지식을 집중적으로 학습하게 된다. 마지막으로 4학년에 접어들면 청소년 복지론과 청소년 프로그램 개발 및 평가, 상담 및 심리 검사 등의 다양한 세부 전공과 심화 전공을 선택할 수 있다. 그리고 졸업 후 이론을 좀 더 파고들어 나중에 청소년 지도사를 양성하는 역할을 담당하고자 하는 사람이라면 대학원에 진학해야하는 건 두말할 나위 없을 것이다.

물론 그 외에도 청소년 지도사가 되는 길은 또 있다. 4년제 대학을 졸업한 뒤 실무 경력이 2년 이상이 되면 2급 시험에 응시할 자격이 주어지는 것이다. 개인적으로 내가 그런 경우에 해당했다. 나는 청소년 관련 학과를 졸업하지 않았다. 하지만 고등학교 시절부터 집 근처 청소년 수련관에 다니며 봉사 활동에 참여했고, 청소년 단체에서 청소년 위원으로 활동하면서 청소년 지도사들을 직접 마주할 수 있었다. 기억 속의 그들은 항상 즐겁고 긍정적이었으며, 무엇보다 열정에 넘쳐 있었다. 그런 모습을 지켜보면서 자연스레 청소년 지도사에 대해 좋은 이미지를 갖게 되었고, 그 때의 기억이 지금 내가 청소년 지도사로 일하게끔 이끈 계기였던 것 같다. 그래서 나는 지금도 청소년 지도사를 꿈꾸거나 청소년 시설에서 일을 하기를 원한다면 일단 자원 봉사나 모니터링 같은 다양한 활동에 먼저 참여해보는 걸 추천하곤 한다.

그러던 2006년, 광진청소년수련관에 서울시 산하 수련관 가운데는 최초로 천문 특화 시설이 들어섰다. 평소 천체 망원경으로 별을 관찰하는 게 취미이자 특기였던 나는 면접과 교육 시연을 거쳐 수련관에 일반 사무직으로 입사하게 된다. 그렇게 첫 직장으로 청소년 시설에 들어가 아이들을 만나면서 점점 청소년을 둘러싼 다양한 환경들과 청소년 정책, 지도와 상담, 코칭 스킬에 관심을 기울이게 된 나는 청소년 지도사 자격증에 도전하겠다는 결심을 굳히게 되었다. 국가평생교육진흥원에서 운영하는 학점은행 제도를 통해 필수 과목을 이수하면 필기시험을 면제받을 수 있었지만, 아무래도 시험을 준비해야 조금 더 공부에 매달릴 것 같아 일부러 독학을 택했다. 그리고 함께 일하는 청소년 지도사들에게 전공 서적을 빌려 공부한 끝에 2년 만에 2급 청소년 지도사 자격을 취득할 수 있었던 것이다.

이렇듯 청소년 관련 학과를 졸업하지 않았더라도 청소년 지도사가 될 수 있는 길은 얼마든지 열려 있다. 최근 극심한 취업난 속에서 이른바 스펙을 쌓기 위한 자격증 취득에 너도나도 열을 올린다는 소식을 종종 접하곤 하는데, 그런 분들에게는 굳이 청소년 지도사 자격증을 권하고 싶지는 않다. 그와 반대로 청소년에 대한 애정과 그것을 실천하고자 하는 의시, 아이들의 무한한 가능성에 대한 긍정적인 태도를 가진 사람이라면 청소년 지도사 제도는 자격증 그 이상의 가치를 발휘하리라 믿는다.

3장

청소년 지도사의 운용을 뒷받침하는 법령과 제도

—

대한민국의 청소년 정책은 기본적으로 국가 법령과 지방 정부의 조례라는 양쪽 날개에 의지해 수립되고 집행되어 왔다. 물론 헌법부터 시작해 간접적으로 영향을 끼치는 여타의 법률과 조례, 제도를 꼽자면 한둘이 아니겠지만(대학 입시 제도가 대표적이다), 여기서는 가장 직접적인 법률적 근거를 담고 있는 4가지 법령, 즉 청소년 기본법, 청소년활동 진흥법, 청소년 복지 지원법, 청소년 보호법과, 전국의 여러 지자체 가운데 서울시의 조례들만을 살펴보도록 하겠다.

아, 그리고 또 하나. 현재 시점에서 청소년 정책의 기준으로 작동하고 있는 법률과 조례들도 물론 중요하겠지만, 우리 사회가 청소년 정책에 있어서 어떠한 미래 비전과 방향을 설정하고 있는 지도 결코 지나칠 수 없는 부분이다. 그래서 청소년 분야의 주무 부처인 여성가족부가 중장기적인 청소년 정책의 방향을 정리해 2018년 3월에 발표한 '제6차 청소년정책 기본계획'과, 서울시가 역시 마찬가지로 중장기적인 정책 비전과 실행 과제로서 2017년 11월에 내놓은 추진 계획 '청소년 희망도시, 서울'도 잠깐 짚어볼 필요가 있겠다. 이 두 가지 계획에 담긴 의미와 핵심들을 찬찬히 곱씹어 보다보면 향후 청소년을 위한 활동들에 우리 사회가 얼마만큼의 무게를 싣고 나아갈 지를 미뤄 짐작해볼 수 있을 것이며, 미래에 청소년 지도사를 꿈꾸는 이들에게는 직업적 전망을 가늠해볼 수 있는 하나의 가늠자로도 작용하지 않을까 한다.

1. 국가 법령

(1) 청소년 기본법

'청소년 기본법'(이하 기본법)은 대한민국 청소년 정책의 기본 중에서도 기본이 되는 법령으로, 총 10장에 걸쳐 66개의 조항으로 이뤄져있다. 먼저 제1조에서는 ▲청소년의 권리와 책임에 관한 사항을 규정하고, ▲국가와 사회의 역할과 책임을 정하며, ▲청소년 정책에 대한 기본적인 사항을 규정하는 데에 이 법의 목적이 있다고 밝히고 있다. 그리고 뒤이은 제2조 기본이념에서는 ▲청소년이 사회 구성원으로서 정당한 대우와 권익을 보장받을 권리, ▲청소년 스스로 생각하고 자유롭게 활동할 수 있는 권리(자치권과 참여권), ▲보다 나은 삶을 누리고(복지권) 유해한 환경으로부터 보호될 수 있는 권리(보호권)를 통해 그들이 건전한 민주 시민으로 자랄 수 있도록 하는 것이 국가와 사회 전체 구성원들의 책임이자 의무임을 분명하게 명시하고 있다.

이 기본법에서 청소년 지도사 제도의 운영과 직접적으로 관련된 대목은 5장 '청소년 지도자'이다. 그러나 청소년 지도사 및 청소년 상담사의 자격에 관한 사항은 다른 장에서 자세히 다루고 있는 만큼, 여기서는 청소년 기본법의 핵심이자 여타의 법령과는 차별화된 제5조에 대해 잠깐 살펴보도록 하자.

청소년 기본법 제5조 '청소년의 권리와 책임'에서 청소년의 권리는 4개 항으로 구성되어 있다.

① 청소년의 기본적 인권은 청소년 활동·청소년복지·청소년보호 등 청소년육성의 모든 영역에서 존중되어야 한다.

② 청소년은 인종·종교·성별·나이·학력·신체조건 등에 따른 어떠한 종류의 차별도 받지 아니한다.

③ 청소년은 외부적 영향에 구애받지 아니하면서 자기 의사를 자유롭게 밝히고 스스로 결정할 권리를 가진다.

④ 청소년은 안전하고 쾌적한 환경에서 자기발전을 추구하고 정신적·신체적 건강을 해치거나 해칠 우려가 있는 모든 형태의 환경으로부터 보호받을 권리를 가진다.

이 청소년 권리에 대한 4개항의 명시는 국가와 지방 정부 등 전 사회가 이를 이행할 의무가 있음을 천명한 것이라 할 수 있다. 반면, 청소년의 의무는 나머지 1개항에 불과해 "청소년은 자신의 능력을 개발하고 건전한 가치관을 확립하며 가정·사회 및 국가의 구성원으로서의 책임을 다하도록 노력하여야 한다" 정도로만 명시되어 있다. 요컨대 청소년 기본법은 청소년에게 지워야할 의무 보다는 국가와 사회로부터 누려야 할 천부인권적 권리가 더 중요하고 많으며, 반드시 보장돼야 함을 명확히 한 것이다.

(2) 청소년활동 진흥법

앞서 이 책 1장에서 언급한 바와 같이 청소년 분야는 활동, 복지, 보호와 안전, 상담이라는 4개 전문 분야로 다시 나뉜다. 이중 가장 핵심적이고 광범위한 영역을 포괄하는 게 청소년 활동이다. 그리고 이 청소년 활동을 둘러싼 각종 사항들을 규정하고 있는 법령이 청소년활동 진흥법(이하 진흥법)이다.

사실 활동이라는 단어의 의미를 모르는 사람은 거의 없겠지만, 진흥법 제2조에서는 청소년을 주인공으로 한 활동에만 초점을 맞춰 그것을 세분화해 다시 정의하고 있는데, 그 구체적인 내용은 이렇다.

제1장 총칙

제2조(정의) 이 법에서 사용하는 용어의 뜻은 다음과 같다.

1. "청소년 활동"이란 「청소년 기본법」 제3조 제3호에 따른 청소년 활동을 말한다.
2. "청소년 활동시설"이란 청소년수련활동, 청소년교류활동, 청소년문화활동 등 청소년 활동에 제공되는 시설로서 제10조에 따른 시설을 말한다.
3. "청소년수련활동"이란 청소년이 청소년 활동에 자발적으로 참여하여 청소년 시기에 필요한 기량과 품성을 함양하는 교육적 활동으로서 「청소년 기

본법」 제3조제7호에 따른 청소년지도자(이하 "청소년지도자"라 한다)와 함께 청소년수련거리에 참여하여 배움을 실천하는 체험활동을 말한다.

4. "청소년교류활동"이란 청소년이 지역 간, 남북 간, 국가 간의 다양한 교류를 통하여 공동체의식 등을 함양하는 체험활동을 말한다.
5. "청소년문화활동"이란 청소년이 예술활동, 스포츠활동, 동아리활동, 봉사활동 등을 통하여 문화적 감성과 더불어 살아가는 능력을 함양하는 체험활동을 말한다.
6. "청소년수련거리"란 청소년수련활동에 필요한 프로그램과 이와 관련되는 사업을 말한다.
7. "숙박형 청소년수련활동"이란 19세 미만의 청소년(19세가 되는 해의 1월 1일을 맞이한 사람은 제외한다. 이하 같다)을 대상으로 청소년이 자신의 주거지에서 떠나 제10조제1호의 청소년수련시설 또는 그 외의 다른 장소에서 숙박·야영하거나 제10조제1호의 청소년수련시설 또는 그 외의 다른 장소로 이동하면서 숙박·야영하는 청소년수련활동을 말한다.
8. "비숙박형 청소년수련활동"이란 19세 미만의 청소년을 대상으로 제10조제1호의 청소년수련시설 또는 그 외의 다른 장소에서 실시하는 청소년수련활동으로서 실시하는 날에 끝나거나 숙박 없이 2회 이상 정기적으로 실시하는 청소년수련활동을 말한다.

위 조항에서 명시된 청소년 수련 활동, 교류 활동, 문화 활동, 수련거리, 숙박형 수련 활동, 비숙박형 수련 활동 등을 기획하고 진행하는 이들이 바로 청소년 지도사들이다. 그리고 진흥법에는 ▲청소년 활동을 총괄적으로 지원하는 조직인 청소년활동진흥원(지역은 00청소년 활동진흥센터)의 설치, 구성, 운영 등에 관한 사항(제2장 제6조, 제7조), ▲청소년 수련 시설 설립 및 폐지 기준, 운영 기준, 위탁 운영 절차, 감독 기관의 안전 점검 및 안전 교육, 수련 시설 종합 평가 등에 관한 사항(제3장), ▲청소년 수련 활동 인증제도 관련 절차, 사후 관리, 결과 보고 등에 대한 사항(제4장), ▲청소년 교류 활동에 대한 사항(제5장)과 같은 내용들이 자세하게 명시되어 있는데, 여기에서 거론된 지역 활동진흥센터나 교류협력센터 등의 기관에서도 청소년 지도사들을 채용해 제반 활동을 담당하도록 하고 있다.

참고로 진흥법은 제5장 '청소년 교류 활동의 지원' 부분에 남북 청소년 간의 교류 활동에 대한 내용들도 담고 있다. "제59조(남·북청소년교류활동의 제도적 지원) ①국가는 남·북 청소년 교류에 관한 기본 계획을 수립하고, 남·북 청소년이 교류할 수 있는 제도적 여건을 조성하여야 한다. ②국가는 남·북 청소년 교류를 위한 기반을 조성하기 위하여 필요한 체계적인 통일교육을 실시할 수 있다"고 되어 있는 만큼, 2018년 판문점 남북 정상회담과 평양 남북 정상회담으로 형성된 남북한 교류 협력 및 평화 증진의 분위기가 더욱 활성화되어 남북 청소년 교류가 보다 증대되고 활성화되길 희망해 본다.

이처럼 청소년활동 진흥법에는 참으로 다양한 내용들이 담겨 있지만, 특히나 눈여겨볼만한 대목은 청소년 활동의 핵심 기관이라 할 수련 시설에 청소년 활동을 활성화하고 그들의 참여를 보장하기 위해 청소년으로 구성되는 '청소년 운영위원회'를 의무적으로 설치해 운영하도록 한 부분이 아닐까 한다. 이는 청소년 수련 시설을 운영함에 있어 그 누구보다 청소년이 그 중심 역할을 담당해야한다는 점을 명문화한 것으로서, 진흥법 중에서도 가장 의미심장하고 중요한 규정이라 할 수 있다.

제1장 총칙

제4조(청소년 운영위원회)

① 제10조제1호의 청소년수련시설(이하 "수련시설"이라 한다)을 설치·운영하는 개인·법인·단체 및 제16조제3항에 따른 위탁운영단체(이하 "수련시설 운영단체"라 한다)는 청소년 활동을 활성화하고 청소년의 참여를 보장하기 위하여 청소년으로 구성되는 청소년 운영위원회를 운영하여야 한다.

② 수련시설운영단체의 대표자는 청소년 운영위원회의 의견을 수련시설 운영에 반영하여야 한다.

③ 제1항에 따른 청소년 운영위원회의 구성·운영 등에 필요한 사항은 대통령령으로 정한다.

이에 따라, 오늘날 모든 청소년 수련 시설에는 20명 안팎의 '청소년 운영위원회'가 실제로 운영 중에 있으며, 청소년 운영위원들은 청소년 지도사들의 도움을 받아 청소년 어울림 마당 같은 다채로운 행사들을 직접 기획하고 진행하는 역할을 해내고 있다. 또한 수련 시설 전체를 관장하는 운영위원회에도 청소년의 참여가 명문화되어 있고, 다양한 소통 채널을 통해 청소년들의 의견이 시설 운영에 실질적으로 반영되고 있다.

(3) 청소년복지 지원법

청소년복지 지원법(이하 지원법)은 청소년의 건강 보장, 지역 사회에서의 청소년 통합 지원 체계, 위기 청소년 지원, 교육적 선도, 청소년 복지 지원 기관의 설치·운영 사항, 청소년 복지 시설 등에 대한 근거·지원·감독 사항 등의 내용을 규정하고 있다. 청소년 복지는 사회 복지사와 업무가 유사하고, 중첩되기도 한다.

지원법에서 가장 특기할만한 점은 "특별자치도지사 또는 시장·군수·구청장(자치구의 구청장을 말한다. 이하 같다)은 9세 이상 18세 이하의 청소년에게 청소년증을 발급할 수 있다"고 한 제4조 '청소년증' 부분이라 할 수 있다. 이는 학교 밖 청소년과 비인가 대안학교 학생 등에 대해서도 국가와 사회의 의무를 동일하게 규정한 시작점이라 할 수 있기 때문이다. 서울시와 대전시에서 청소년증 규정이 도입된 2003년 이전에는, 학생증이 없는 학교 밖 청소년은 국가와 사회로부터 대중교통 할인과 같은 혜택을 받을 수가 없었다. 따라서 지원법 제4조는 우리 사회가 청소년의 보편적 권리를 개선한 하나의 사례라 할 수 있다.

제2장 청소년의 우대 등

제3조(청소년의 우대)

① 국가 또는 지방 자치 단체는 그가 운영하는 수송시설·문화시설·여가시설 등을 청소년이 이용하는 경우 그 이용료를 면제하거나 할인할 수 있다.

② 국가 또는 지방 자치 단체는 다음 각 호의 어느 하나에 해당하는 자가 청소년이 이용하는 시설을 운영하는 경우 청소년에게 그 시설의 이용료를 할인하여 주도록 권고할 수 있다.

1. 국가 또는 지방 자치 단체의 재정적 보조를 받는 자

2. 관계 법령에 따라 세제상의 혜택을 받는 자

3. 국가 또는 지방 자치 단체로부터 위탁을 받아 업무를 수행하는 자

③ 제1항 또는 제2항에 따라 이용료를 면제받거나 할인받으려는 청소년은 시설의 관리자에게 주민등록증, 학생증, 제4조에 따른 청소년증 등 나이를 확인할 수 있는 증표 또는 자료를 제시하여야 한다.

④ 제1항 또는 제2항에 따라 이용료를 면제받거나 할인받을 수 있는 시설의 종류 및 청소년의 나이 기준 등은 대통령령으로 정한다.

제4조(청소년증)

① 특별자치도지사 또는 시장·군수·구청장(자치구의 구청장을 말한다. 이하 같다)은 9세 이상 18세 이하의 청소년에게 청소년증을 발급할 수 있다.

② 제1항에 따른 청소년증은 다른 사람에게 양도하거나 빌려주어서는 아니 된다.

③ 누구든지 제1항에 따른 청소년증 외에 청소년증과 동일한 명칭 또는 표시의 증표를 제작·사용하여서는 아니 된다.

④ 제1항에 따른 청소년증의 발급에 필요한 사항은 여성가족부령으로 정한다.

그럼에도 지원법의 핵심은 뭐니 뭐니 해도 위기 청소년에 대한 지원 부분이다. 국가와 사회의 도움이 필요한 청소년 본인이나 위기에 처한 청소년의 가족 및 이웃, 친구 등 누구라도 이 법에 근거해 도움의 손길을 요청할 수 있게 되어 있다. 즉 청소년 수련관, 청소년 상담복지센터, 청소년 문화의집, 청소년 쉼터 같이 '청소년'이라는 명칭이 들어간 시설 어디에서나 혹은 구청, 경찰서, 교육청을 통해서 도움을 요청하면, 지역 사회의 청소년 통합 지원 체계 시스템으로 연결돼 전문적인 훈련을 받은 청소년 지도사가

상황에 맞는 상담과 조언, 그리고 지원 방안을 찾아 제시한다.

지역사회 청소년 통합지원 체계(CYS-Net)는 복지법 제4장 제9조에 따라, 지방 자치 단체의 장이 위기 청소년을 조기에 발견하여 보호하고, 청소년복지 및 청소년 기본법 제3조 제5호에 따른 청소년 보호를 효율적으로 수행하기 위하여 지방 자치 단체, 공공기관, 청소년 기본법 제3조 제8호에 따른 청소년 단체 등이 협력하여 업무를 수행하는 상설 지역네트워크 조직이다. 일반적으로 자치구 청소년 상담복지센터를 중심으로 구청, 경찰, 교육청, 학교, 청소년 기관, 복지 기관, 의료 단체 등의 담당자가 참여하고 있다.

그리고 위기 청소년에 대한 구체적인 지원 내용은 아래 표와 같다.

지원종류	지원 내용	구체적 내용	지원 금액
생활지원	의·식·주 등 기초생계비와 숙식 제공 등의 서비스 지원	① 의복·음식물 및 연료비 기타 일상생활에 필요한 기초생계비 ② 숙식 제공	월 50만원 이내
건강지원	신체·정신적으로 건강하게 성장할 수 있도록 건강검진 및 치료 등의 서비스 지원	① 진찰·검사 ② 약제·치료재료의 지급 ③ 처치·수술, 기타 치료 ④ 예방·재활 ⑤ 입원, 바. 간호 ⑥ 이송 등 의료목적 달성 위한 기타 조치사항 *비급여 제외, 본인부담액 지원	연 200만원 내외 (연간 220만원 한도)
학업지원	학업을 지속하기 위하여 필요한 교육 서비스 지원	① 초·중등교육법 제2조에 의한 학교 입학금 및 수업료 ② 교과서대금 ③「초·중등교육법 시행령」 제97조제1항제1호·제98조제1항제1호에 따른 중학교 졸업학력 검정고시 또는 고등학교 졸업학력 검정고시의 준비에 필요한 학원비	월 15만원 (수업료) 월 30만원 이내 (검정고시)
자립지원	지식, 기술, 기능 등 능력 향상을 위하여 필요한 서비스 지원	① 기술 및 기능 습득을 위한 비용 ② 진로상담 비용 및 직업체험 비용 ③ 취업알선 및 사후지도 비용 *만 15세 이상 청소년만 지원 가능	월 36만원 이내

법률지원	폭력, 학대 피해 청소년 대상 법률 상담 및 소송비용 지원	① 소송비용 ② 법률상담비용	연 350만원 이내
상담지원	심리·사회적 측면의 상담에 필요한 비용 및 서비스 지원	① 정신적·심리적 치료를 위한 청소년 본인 및 가족의 상담비 및 심리검사비 ② 프로그램 참가비 * 집단상담, 특수치료 등	월 20만원 이내 심리검사비 (연 25만원) 별도
청소년 활동지원	운영위원회가 필요하다고 인정하는 활동 비용 지원	① 수련활동비 ② 문화활동비 ③ 교류활동비 등	월 10만원 이내
그 밖의 지원	운영위원회가 예산의 범위 안에서 필요하다고 인정한 지원	① 청소년이 수치심을 느낄 수 있는 외모 및 흉터 등의 교정 ② 교복 지원 등	위 제시 내용과 근접한 유형의 지원 상한액을 참조하여 지원규모 결정

※ 특별지원 대상 청소년에 대하여 가장 긴급하거나 중요한 1개의 항목에 대한 지원이 기본임.
(다만, 운영위원회가 인정할 경우 2개 항목 이상 지원 가능)

참고로, 청소년 지도사는 자격 취득 과정과 의무 보수 교육 등을 통해 도움을 필요로 하는 청소년들이 정서적으로 민감한 시기인 점을 감안하여 그들의 자존심을 건드리거나 신분 노출이 되지 않도록 배려하는 등 적절한 서비스를 하도록 철저히 훈련받고 있다.

(4) 청소년 보호법

청소년 보호법(이하 보호법)은 청소년 유해 환경을 규제하고, 이를 처벌하는 절차와 관련 사항을 담고 있는 법이다. 앞서 거론한 법률들이 '권리보장'과 '진흥', '지원'을 목적으로 한 것들인 반면, 보호법은 '규제'와 '처벌'을 가하는 내용들이 들어가 있기 때문에 상당수 조항들은 경찰이나 검찰과 직접적으로 연결되어 있다. 다만, 청소년 분야 담당 부처인 여성가족부에서 청소년 보호에 대한 종합 대책을 3년마다 수립하도록 되어 있어,

청소년 보호를 위한 국가의 정책 방향은 경찰과 검찰이 아닌 여성가족부가 그 일차적인 그림을 그리도록 하고 있다.

보호법의 핵심은 제2장 '청소년 유해 매체물의 결정 및 유통'으로, 청소년 유해 매체물의 심의·결정(제7조), 등급 구분 등(제8조), 청소년 유해 매체물의 심의 기준(제9조), 청소년 유해 표시 의무(제13조), 청소년 유해 매체물 포장 의무 등(제14조), 판매 금지 등(제16조), 방송 시간 제한 등(제18조)의 내용이 명시되어 있다. 15세 이하 관람 불가, 18세 이하 관람 불가 같은 조치로 사회적 논란이 되곤 하는 드라마, 영화의 문화예술 작품 등급을 결정하는 절차와 기준이 사실상 이 법에 따라 결정된다고 보아도 무방하다. 그리고 제36조에 따라 구성되는 청소년 보호위원회가 등급 구분의 실질적인 역할을 담당한다. 구체적인 내용은 다음과 같다.

제8조(등급 구분 등)

① 청소년보호위원회와 각 심의기관은 제7조에 따라 매체물을 심의·결정하는 경우 청소년유해매체물로 심의·결정하지 아니한 매체물에 대하여는 그 매체물의 특성, 청소년 유해의 정도, 이용시간과 장소 등을 고려하여 이용 대상 청소년의 나이에 따른 등급을 구분할 수 있다. 〈개정 2015.6.22.〉

② 제1항에 따른 등급 구분의 종류 및 방법 등에 필요한 사항은 대통령령으로 정한다. 〈개정 2015.6.22.〉

제9조(청소년유해매체물의 심의 기준)

① 청소년보호위원회와 각 심의기관은 제7조에 따른 심의를 할 때 해당 매체물이 다음 각 호의 어느 하나에 해당하는 경우에는 청소년유해매체물로 결정

하여야 한다.

1. 청소년에게 성적인 욕구를 자극하는 선정적인 것이거나 음란한 것
2. 청소년에게 포악성이나 범죄의 충동을 일으킬 수 있는 것
3. 성폭력을 포함한 각종 형태의 폭력 행위와 약물의 남용을 자극하거나 미화하는 것
4. 도박과 사행심을 조장하는 등 청소년의 건전한 생활을 현저히 해칠 우려가 있는 것
5. 청소년의 건전한 인격과 시민의식의 형성을 저해(沮害)하는 반사회적·비윤리적인 것
6. 그 밖에 청소년의 정신적·신체적 건강에 명백히 해를 끼칠 우려가 있는 것

② 제1항에 따른 기준을 구체적으로 적용할 때에는 사회의 일반적인 통념에 따르며 그 매체물이 가지고 있는 문학적·예술적·교육적·의학적·과학적 측면과 그 매체물의 특성을 함께 고려하여야 한다.

③ 청소년 유해 여부에 관한 구체적인 심의 기준과 그 적용에 필요한 사항은 대통령령으로 정한다.

제36조(청소년보호위원회의 설치) 다음 각 호의 사항에 관하여 심의·결정하기 위하여 여성가족부장관 소속으로 청소년보호위원회(이하 이 장에서 "위원회"라 한다)를 둔다.

1. 청소년유해매체물, 청소년유해약물 등, 청소년유해업소 등의 심의·결정 등에 관한 사항
2. 제54조제1항에 따른 과징금 부과에 관한 사항
3. 여성가족부장관이 청소년보호를 위하여 필요하다고 인정하여 심의를 요

청한 사항

4. 그 밖에 다른 법률에서 위원회가 심의·결정하도록 정한 사항

제37조(위원회의 구성)

① 위원회는 위원장 1명을 포함한 11명 이내의 위원으로 구성하되, 고위공무원단에 속하는 공무원 중 여성가족부장관이 지명하는 청소년 업무 담당 공무원 1명을 당연직 위원으로 한다.

② 위원회의 위원장은 청소년 관련 경험과 식견이 풍부한 사람 중에서 여성가족부장관의 제청으로 대통령이 임명하고, 그 밖의 위원은 다음 각 호의 어느 하나에 해당하는 사람 중에서 위원장의 추천을 받아 여성가족부장관의 제청으로 대통령이 임명하거나 위촉한다.

1. 판사, 검사 또는 변호사로 5년 이상 재직한 사람
2. 대학이나 공인된 연구기관에서 부교수 이상 또는 이에 상당하는 직에 있거나 있었던 사람으로서 청소년 관련 분야를 전공한 사람
3. 3급 또는 3급 상당 이상의 공무원이나 고위공무원단에 속하는 공무원과 공공기관에서 이에 상당하는 직에 있거나 있었던 사람으로서 청소년 관련 업무에 실무 경험이 있는 사람
4. 청소년 시설·단체 및 각급 교육기관 등에서 청소년 관련 업무를 10년 이상 담당한 사람

보호법에서 한국 사회의 특성을 반영한 대목을 들자면, 제3장 '청소년의 인터넷 게임 중독 예방'을 꼽을 수 있다. 우리 사회에서 청소년의 인터넷과 스마트폰 게임 중독은 이미 심각한 사회 문제로 대두된 지 오래다. 인터넷과 스마트폰 사용 환경이 세계 1위인 나라인데다 초등학교 저학년 시기부

터 스마트폰 사용이 일상화되어 있는 탓에 불법·유해 동영상, 폭력성·사행성 게임, 성인 채팅앱, 환각물질 같은 각종 유해 매체물이 스마트폰을 통해 청소년들에게 거의 무방비 상태로 노출되는 상황인 것이다. 덕분에 청소년의 인터넷 중독 문제에 관해서는 세계 최고 수준의 연구 성과가 축적되고 있다는 웃픈 이야기도 회자되고 있는데, 따라서 보호법은 인터넷과 스마트폰 중독 문제에 대응하고 거기에 노출된 청소년을 지원하는 데에 특별한 관심을 기울이고 있다.

제3장 청소년의 인터넷게임 중독 예방

제26조(심야시간대의 인터넷게임 제공시간 제한)

① 인터넷게임의 제공자는 16세 미만의 청소년에게 오전 0시부터 오전 6시까지 인터넷게임을 제공하여서는 아니 된다.

② 여성가족부장관은 문화체육관광부장관과 협의하여 제1항에 따른 심야시간대 인터넷게임의 제공시간 제한대상 게임물의 범위가 적절한지를 대통령령으로 정하는 바에 따라 2년마다 평가하여 개선 등의 조치를 하여야 한다.

③ 제2항에 따른 평가의 방법 및 절차 등에 필요한 사항은 「게임산업진흥에 관한 법률」에서 정하는 바에 따른다.

제27조(인터넷게임 중독 등의 피해 청소년 지원)

① 여성가족부장관은 관계 중앙행정기관의 장과 협의하여 인터넷게임 중독(인터넷게임의 지나친 이용으로 인하여 인터넷게임 이용자가 일상생활에서 쉽게 회복할 수 없는 신체적·정신적·사회적 기능 손상을 입은 것을 말한다) 등 매체물의 오용·남용으로 신체적·정신적·사회적 피해를 입은 청소년에 대하

여 예방·상담 및 치료와 재활 등의 서비스를 지원할 수 있다.

② 제1항에 따른 지원에 관하여 구체적인 사항은 대통령령으로 정한다.

실제로 오늘날 서울시는 보호법 제3장에 따라 현재 6곳의 '청소년 인터넷 중독 상담예방센터'를 설치해 운영하고 있다. 아쉽게도 다른 지방 정부에서는 아직 그런 조치가 이뤄지지 않고 있다. 이들 센터에 종사하는 청소년 지도사는 인터넷과 스마트폰에 중독된 청소년을 상담하고 지원하는 활동과 치유 프로그램을 직접 이끌고, 중독 예방 활동과 인터넷상 유해 환경 감시 활동, 건강한 사이버문화 정착 같은 의식 개선 캠페인에서도 한몫을 담당하고 있다.

이렇듯 인터넷과 스마트폰 게임 중독이라는 21세기형 청소년 문제에 직면해 다양한 방식의 대안이 모색되고 있지만, 현장의 상황은 갈수록 악화되고 있다. 과연 해결의 실마리는 없는 걸까? 보다 총체적이고 중장기적인 종합 대책이 하루빨리 마련되기를 기다리는 마음뿐이다.

2. 자치구 조례

지방 자치 단체마다 조금씩 차이는 있겠지만, 오늘날 청소년에 대한 관심은 지방 정부라고 해서 예외는 아니다. 특히나 출산율 저하로 인해 적정 인구를 유지하는 문제가 발등의 불이 된 지자체들에게는 아동과 청소년을 위한 교육 환경과 삶의 질을 어떻게 끌어올리느냐가 기존 주민들의 전출을 방지하고 신규 주민들의 전입을 유도하는 중요한 관건이 되고 있다. 마찬가지로 서울시나 경기도처럼 인구 집중으로 인해 발생하는 문제들 때문에

골머리를 앓는 지자체들 역시도 청소년들이 과열된 입시 경쟁 속에서 학원과 PC방 말고는 딱히 갈 데가 없는 환경을 그대로 방치한다면, 미래에는 도시 전체가 소외와 무관심, 폭력이 일상화된 덩치 큰 괴물처럼 변해갈 것을 걱정하지 않을 수 없는 상황이다.

그런 까닭에 현재 전국 각지에 위치한 청소년 시설의 80% 이상은 광역 지방 정부가 설립하고 운영하는 시설들이다. 10% 정도만이 중앙정부 시설이고, 기초 지방 정부 소속인 시설은 몇 군데 되지 않는다. 광역 지방 정부는 인건비 등의 경상비·시설 유지 보수비·특화 시설 지원비·청소년 활동 사업비 등의 제반 경비 지원과 시설 관리 및 안전 등의 책임을 모두 떠안고 있는데, 그 근거가 되는 것이 바로 청소년 관련 조례다. 따라서 지방 정부 조례는 청소년 지도사의 역할을 이해하는데 있어서도 결코 지나칠 수 없는 부분이라 하겠다.

서울시의 경우 조례의 명칭에 '청소년'이 들어간 것은 지금까지 모두 11개인 것으로 파악된다. 그 중 청소년 지도사와 가장 관련성이 높은 것은 '서울특별시 청소년 시설 설치 및 운영에 관한 조례'와 그 시행 세칙이 아닐까 한다. 2008년 4월 1일에 처음으로 제정된 해당 조례의 주요 내용은 아래와 같다.

제1장 총칙

제1조(목적) 이 조례는 청소년시설의 설치와 운영에 관하여 필요한 사항을 규정함으로써 청소년이 사회구성원으로서 정당하게 대우받고 권익을 보장받으며, 스스로 생각하고 자유롭게 활동하여 미래사회의 건전한 민주 시민으로 자랄 수 있도록 함을 그 목적으로 한다.

제2조(정의) 이 조례에서 사용하는 용어의 정의는 다음 각 호와 같다.

1. "청소년시설"이라 함은 청소년 활동·복지·보호 등에 제공되는 시설로 「청소년 기본법」,「청소년활동 진흥법」, 「청소년복지지원법」 및 「지방자치법」에 따라 서울특별시(이하 "시"라 한다)가 설치한 시설을 말한다.
2. "청소년시설의 운영"이라 함은 제1호의 시설을 시가 운영하거나 자치구청장에게 위임 또는 청소년 단체에 위탁하여 운영하는 경우를 말한다.
3. "청소년시설 운영자"(이하 "운영자"라 한다)라 함은 제2호에 따라 청소년시설을 운영하는 자를 말한다.
4. "청소년시설 사용 또는 이용"이라 함은 청소년시설에서 제공하는 시설(설비), 강습 등 일체의 서비스를 목적이나 기능에 맞게 필요에 따라 쓰는 것을 말한다.

제3조(적용범위) 청소년시설의 설치 및 운영에 관하여는 다른 법령이나 조례에서 특별히 정하는 경우를 제외하고는 이 조례에 따른다.

제4조(설치) 이 조례에서 설치·운영하는 청소년시설의 명칭, 기능 및 그 위치는 별표 1과 같다.

제5조(운영의 원칙)

① 운영자는 청소년시설을 설치목적에 따라 운영하여야 하며, 시설이용자에게 공정한 이용기회를 부여하여야 한다.

② 운영자는 「관공서의 공휴일에 관한 규정」제2조제3호, 제4호, 제9호, 제10의2호에서 정하는 공휴일을 제외하고는 개관하여 운영함을 원칙으로 한다. 이 경우 그 밖의 공휴일에 근무한 사람에게는 평일에 휴무를 실시하게 할 수 있다.

③ 운영자는 지역주민의 복지 향상을 위하여 일반시민도 청소년시설을 이용할

수 있게 하되, 이 경우에도 청소년 또는 청소년 관련 단체에 이용의 우선권을 부여한다.

④ 시장은 청소년시설의 안전을 위하여 정기적으로 청소년시설에 대한 안전점검을 실시하고 그 결과를 공개하여야 한다. 〈신설 2015. 7. 30.〉

이 외에도 청소년 활동 진흥 조례, 마약류 및 유해 약물 오남용 방지 및 안전에 관한 조례, 근로 청소년 보호 및 고용 우수업체 선정 지원에 관한 조례, 노동인권 보호 및 증진 조례, 학교 밖 청소년 지원 조례, 청소년 육성 위원회 조례, 청소년 친화 도시 조성 조례, 어린이청소년 인권 조례 등이 있다. 이러한 조례들은 앞에서 살펴본 국가 법령에 기초해 만들어진 하위 법령의 위상을 갖는다.

3. 제6차 청소년정책 기본계획

대한민국 정부는 청소년 기본법 제13조(청소년 육성에 관한 기본계획의 수립) 1항의 "여성가족부 장관은 관계 중앙행정기관의 장과 협의한 후 제10조에 따른 청소년 정책위원회의 심의를 거쳐 청소년육성에 관한 기본계획을 5년마다 수립하여야 한다"는 조항에 따라 ▲이전의 기본계획에 관한 분석과 평가, ▲청소년 육성에 관한 기본 방향, ▲청소년 육성에 관한 추진 목표, ▲청소년 육성에 관한 기능의 조정, ▲청소년 육성의 분야별 주요 시책, ▲청소년 육성에 필요한 재원의 조달 방법, ▲그 밖에 청소년 육성을 위하여 특히 필요하다고 인정되는 사항 등을 담은 청소년정책 기본계획을 매 5년마다 수립해오고 있다.

제6차 청소년정책 기본계획 요약

비전	현재를 즐기는 청소년, 미래를 여는 청소년, 청소년을 존중하는 사회

청소년 주도의 지원적·협업적 청소년정책으로의 전환

정책목표	세부 과제
청소년 참여 및 권리증진	· 청소년 참여 확대 · 청소년 권리증진 기반 조성 · 청소년 민주 시민 성장 지원
청소년 주도의 활동 활성화	· 청소년 활동 및 성장지원 체계 혁신 · 청소년 체험활동 활성화 · 청소년 진로교육 지원 체제 강화
청소년 자립 및 보호지원 강화	· 청소년 사회안전망 확충 · 대상별 맞춤형 지원 · 청소년 유해환경 개선 및 보호지원 강화
청소년정책 추진체계 혁신	· 청소년정책 총괄·조정 강화 · 지역 중심의 청소년정책 추진체계 강화 · 청소년지도자 역량 제고

제5차 기본계획 대비 추가·강화되는 과제

정책목표	세부 과제
청소년 참여 및 권리 증진	· 청소년의 시민의식 함양 및 양성평등의식 제고 · 청소년 참여방식의 다변화
청소년 주도의 활동 활성화	· 청소년이 기획·운영하는 자기주도 활동 확대 · 디지털플랫폼을 통한 활동 성과 및 정보 공유기반 마련
청소년 자립 및 보호지원 강화	· 지자체 중심의 지역단위 콘트롤 타워 기능 강화 · 아웃리치·거리상담 등 찾아가는 서비스 강화 · 표준화된 진단도구 개발 및 유형·특성별 맞춤형 지원
청소년정책 추진체계 혁신	· 「청소년 성장·지원 혁신 지역」지정·운영을 통한 지역 특성 반영 사업모델 개발 · 수요자가 활동·상담복지서비스를 함께 이용할 수 있도록 청소년 시설 자율적 개편 · 청소년지도자의 역량 제고 및 처우 개선

2018년 3월 여성가족부(장관 정현백)는 한국 청소년 정책의 근간이 될 '제6차 청소년정책 기본계획(2018~2022)'을 확정해 발표했다. 이 계획은 저출산과 저성장, 4차 산업 혁명 등으로 급변하는 사회경제적 흐름 속에서 기존 청소년 정책의 획기적인 대전환이 필요하다는 공감 속에 2017년 9월 말부터 4개월간 '청소년정책 전략 태스크포스*'팀을 유영해 청소년 활동 정책의 재편과 새로운 시스템 만들기, 위기 청소년을 놓치지 않는 촘촘한 사회 안전망 구축을 위해 치열하게 머리를 맞댄 결과물이었다.

기본적으로 '제6차 청소년정책 기본계획'의 정책 비전은, "현재를 즐기는 청소년, 미래를 여는 청소년, 청소년을 존중하는 사회"로 설정되었으며, 이는 현재의 사회 구성원으로서 사회에 참여하고 기여하는 청소년, 미래를 살아갈 주인공으로서 필요한 역량과 자질을 갖추어 가는 청소년의 모습, 그리고 사회 모든 분야, 모든 구성원이 청소년의 참여와 권리를 존중하고 지원하는 사회로 나아간다는 의미이다.

이 기본계획의 구조는 4대 정책 영역, 12대 중점 과제, 144개 세부 과제로 구성되어 있으며, 중앙 행정 기관과 지방 자치 단체가 함께 추진하게 될 주요 핵심 과제는 다음과 같다.

첫째, 정책 수요자인 청소년의 편의성을 높이기 위해 청소년이 원하는 서비스를 한 곳에서 제공 받을 수 있도록 청소년 인프라를 개편하는 것이다. 이에 따라 그동안 청소년 활동, 보호, 복지 시설과 기관으로 분리돼 운

---

* 청소년정책 전략 태스크포스(2017년 9월~2018년 1월)는 청소년정책 관련 학계, 유관기관 및 단체 관계자를 망라해 모두 12명으로 구성되었다.

영되어온 청소년 활동과 상담 및 복지 서비스를 한 곳에서 제공받을 수 있도록 지역 사회의 청소년 시설과 기관을 단계적으로 통합해나가는 걸 추진할 계획이다. 이러한 개편은 여성가족부와 한국청소년정책연구원이 지정해 운영하는 중소도시·대도시별 '청소년 성장·지원 혁신 지역'이 선도해 나갈 계획이다.

둘째, 청소년들이 성숙한 민주 시민으로 성장할 수 있도록 다양한 활동과 학습, 참여의 기회를 제공한다. 전국 지자체가 청소년 참여위원회를 운영하도록 하며, 청소년 참여 예산제, 청소년 주도의 토론회와 포럼의 개최를 포함해 모든 청소년들이 온·오프라인에서 의견을 표출할 수 있도록 청소년 참여의 통로를 다양화한다. 그리고 모든 청소년 사업에 민주 시민 학습 프로그램과 양성 평등 프로그램을 반영함으로써, 성인이 되어가는 과정에서 자연스럽게 건강한 시민 의식과 양성 평등 의식을 갖추도록 지원한다.

셋째, 청소년을 대상으로 그들의 역량에 기초한 청소년 활동 지원 체계를 구축하고, 디지털 기술을 적극 활용하여 통합 전산화된 청소년 활동 및 복지 서비스를 제공한다. 또한 청소년들이 4차 산업 혁명 시대에 필요한 역량을 진단하고 개발할 수 있도록 역량 지표 개발과 역량 기반의 청소년 활동 체계를 구축하고, 청소년들이 각종 활동 정보를 공유하고 성과를 집적할 수 있도록 디지털 플랫폼을 구축한다. 청소년들이 직접 배우고 도전하는 성취지향적인 활동을 제고하며, 청소년들이 스스로 구상하고 실행하는 프로젝트 참여 활동 또한 지원을 확대한다. 한편 위기 청소년들의 경우에는 정보통신 기술을 활용하여 위기 사례를 빅데이터로 수집하고 분석함으로써, 위기의 발생 원인과 유형, 특성 등 위기 유형에 따라 필요한 맞춤형 지원을 제공받게 될 예정이다.

넷째, 위기 청소년이 사회에서 소외되지 않도록 조기에 발굴해 상담과 보호, 자립에 이르기까지 지속적이고 종합적인 지원을 제공할 수 있도록 관계 기관 간의 협력을 강화한다. 여성가족부, 교육부, 고용노동부, 경찰청 등과의 협력을 강화하여 학교 밖 청소년*, 가출 청소년 등 청소년 특성에 맞는 맞춤형 지원을 확대하고, 주거 우선 지원과 취업 지원을 통해 위기의 회전문을 차단하고 위기 청소년의 자립을 지원한다. 지역사회 청소년 통합지원 체계(CYS-Net)의 컨트롤 타워 기능을 확대해 지역 사회의 청소년 안전망을 더욱 강화하고, 도움이 필요한 청소년을 직접 발굴하고 찾아가는 아웃리치(거리상담)를 확대해 나간다.

이상과 같은 '제6차 청소년정책 기본계획'은 청소년 지도사의 역할과 책임, 중장기적 비전과 목표, 사명감과 책임 의식을 형성하는데 매우 중차대한 근거로 작동되고 있으며, 정부가 청소년 정책을 어떤 눈으로 바라보고 있는가를 나타내는 바로미터라 할 것이다. 물론 과거와 현 정부의 청소년정책 기본계획이 다소 차이가 있고, 정부의 정책 이념에 따른 시각차가 존재하는 건 사실이지만 말이다. 보다 자세한 사항은 다음에 명시된 블로그(http://blog.naver.com/PostView.nhn?blogId=sjyouth0924&logNo=221250201482)를 참조하기 바란다.

* 학교 밖 청소년 지원센터 확충을 통한 개인별 맞춤형 지원 강화, 내일이룸학교를 통한 청소년 적합 직종개발 및 훈련과정 다양화, 취업연계 훈련 실시 등의 대책이 제시돼 있다.

여하튼 청소년 주무 부처인 여성가족부가 주도해 관계 부처 장관들과의 협의를 거쳐 발표된 청소년정책 기본계획은 이 나라 청소년 정책의 나침반 역할을 하기에 청소년 지도사들의 모든 업무 영역과도 당연히 깊이 연관돼 있다. 예를 들어 '청소년 주도의 활동 활성화'라는 과제는 청소년 문화 행사를 청소년들이 스스로 기획단을 구성해 기획하고 진행하는 형태로 발전되어 왔다. '청소년 참여 및 권리 증진' 과제의 경우에는 18세 청소년에게 투표권을 부여하기 위한 활동이나 현재의 여성가족부를 여성청소년가족부로 개편하려는 시도, 청소년 특별 의회의 구성을 통한 기초 의회 의사 결정에의 청소년 참여, 청소년 참여 예산제 도입 등으로 확대되고 있다. 이 모든 과정에 청소년 지도사들은 멘토이자 동행자, 때론 지도자로 함께 해왔다. 국가의 사회 복지 정책이 그 실행자로서의 사회 복지사를 중심에 두고 설계되어 왔듯이, 5년마다 확정된 청소년정책 기본계획은 청소년 지도사의 역할과 책임을 기본전제로 하고 있다. 요컨대 전문적인 자격을 갖춘 청소년 전문가로서 청소년 지도사의 역할과 책임은 지속적으로 증대되어왔고, 이제는 국가 청소년 정책의 중심축을 형성하고 있다. 사회가 갈수록 발전하고 복잡다단해지면서 그와 동시에 사회 복지사의 역할이 중요해졌듯이, 오늘과 내일의 주역인 청소년들의 멘토이자 지도자로 살고 있는 청소년 지도사의 역할은 앞으로도 더욱 커지고 중요해 질 것이다.

4. '청소년 희망도시 서울' 추진 계획

서울시는 2017년 11월에 약 170만 명에 달하는 지역 청소년(청소년 기본법에서 정의한 만 9세부터 24세까지)들을 위한 종합 지원 정책인 '청소년 희망도시 서울' 기본 계획을 발표했다. 인권에서부터 사회 참여, 미래 탐색 및 준비, 국내외 교류, 체험과 휴식에 이르기까지 청소년 정책 분야의 첫 중장기 종합 구상이라 할 수 있는 이 계획에는 2017년부터 2021년까지 5년 간 총 4,868억 원이 투입될 예정이다.

청소년들은 그동안 어른도 어린이도 아닌 '어정쩡한 중간 세대'로만 인식돼 정책 대상자로서의 위상이 약했던 것이 사실이다. 물론 시립 시설을 활용하는 청소년들의 다양한 방과 후와 주말 활동을 지원하고 취약 계층 서비스를 제공해오긴 했지만, 청소년을 단지 돌봄의 대상으로만 인식해 주

로 육성과 수련에 치중한 정책을 펼치고, 그들의 요구를 고려하기 보다는 양적인 시설 확충과 프로그램 개발에만 치중해온 것이 늘 아쉬움으로 지적돼 왔다. 그러나 청소년들은 우리의 미래를 이끌어 갈 핵심 세대이고, 특히 지난 촛불 정국을 거치면서 그들의 능동적이고 주체적인 모습이 다시 한 번 확인된 만큼, 종합적인 지원을 통해 개인적, 사회적 주체로서의 역량을 더욱 높이고 입시 경쟁 속에서 그동안 유보해왔던 그들의 '행복해질 권리'를 되찾아주겠다는 게 이번 기본 계획의 목표이자 취지인 것이다.

이 기본 계획은 당사자인 청소년들은 물론이거니와 교사, 교육청의 교육전문가, 청소년 시설 종사자, 현장 활동가를 총 망라한 연 인원 2,334명이 참여해 모두 95차례의 숙의 과정을 거쳐 마련됐다. 그리고 그 주요 방향은 다음과 같다.

첫째, 청소년 시설 인프라가 대대적으로 혁신된다. 노후하거나 활용도가 낮은 공간은 기능을 재편해 새로운 공간으로 탈바꿈시키고, 이용 수요가 많은 분야는 관련 공간을 새롭게 확충한다. 핵심적으로는 우선 2021년까지 1자치구 1청소년수련관 시대를 열고(현재 종로구 제외 24개 자치구), 원스톱 서비스를 제공하는 혁신적 거점 시설로서 청소년 수련관의 기능을 확대하고 재편한다. 현재는 동아리 활동 같은 체험 프로그램을 위주로 운영 중이라면, 앞으로는 교육, 진로, 상담, 복지, 보호 등 개개인의 요구에 맞게 관련 기관을 연계해주고 종합 서비스를 제공한다. 조만간 이에 관한 운영모델(안)을 마련하고 2019년에 시범 운영을 시작한 후, 다가올 2021년까지 21개소를 순차적으로 개편할 예정에 있다.

또한 시립 청소년 시설을 오는 2021년까지 62개소(현재 55개소)로 확대한다. 동 주민센터와 학교 같은 공공시설 내의 유휴 공간을 활용해 '아지트'라는 이름의 청소년 전용 휴식 및 놀이 공간도 자치구별 1개소씩 총 25개소를 조성한다. 서울시내 곳곳의 청소년 시설에서는 진로와 미래 직업을 탐색하고 체험하는 직업 교육 및 인재 양성 프로그램을 운영한다. 예컨대, 마포·성동청소년수련관과 하자센터는 드론, SW코딩 등 4차 산업 관련 기술 교육, 강동·금천 등 15개 청소년 수련관은 '서울창업허브'와 연계한 직업 교육 프로그램을 운영한다. 시는 올해 400명을 시작으로 2020년에는 연 1,000명으로 이용자를 확대할 계획이다.

현재 21개소인 시립 청소년 수련관 가운데 일부 노후 공간을 창의적인 활동을 펼칠 수 있는 특화 공간으로 리모델링하는 사업도 추진된다. 대표적으로, 동대문청소년수련관 내 다모임실은 패션·디자인 창업공간으로, 목동청소년수련관 내 밴드 연습실은 방송콘텐츠 체험 공간으로 각각 변신한다. 아울러, 전국 유일의 '청소년음악창작센터'(지하1층~지상5층, 연면적 5,410㎡)가 양천구 신정동에 2021년 새롭게 문을 열어, 음악을 매개로 청소년기 우울증, 학교 부적응, 정서장애를 겪는 청소년들에게 심리 치유 프로그램을 제공한다. 자신의 역량과 적성에 맞는 미래직업을 일찍부터 탐색하고 교육을 통해 취업준비도 할 수 있는 '청소년 미래진로체험센터' 2개소(은평, 노원)도 새롭게 조성한다.

세계 청소년 교류 거점인 시립유스호스텔을 현재 2개소에서 4개소로 늘리는 작업도 예정되어 있다. 새로 생겨날 '잠실종합운동장 유스호스텔'은

잠실주경기장 일부를 리모델링해 스포츠와 연계된 관광 자원으로 활용하고, '서울대공원 유스호스텔'은 주변의 문화·놀이시설과 연계한 사연 속 휴식처로 조성할 예정이다.

둘째, 청소년들도 지역 사회의 다양한 활동에 주체적으로 참여하고, 서울을 넘어 타 지역 또는 해외 청소년들과도 상호 교류할 수 있도록 서울시가 가진 인적·물적 자원을 최대한 동원해 지원한다. 청소년, 관련 전문가, 지역 활동가가 마을 활동을 기획하고 실행하는 '청소년-마을 상생기획단'은 청소년 수련관을 중심으로 운영하고(2018년 5개→2021년 21개), 청소년 시설과 지역 사회 내 유관 기관(학교, 도서관, 동주민센터 등)과의 연계 등을 종합적으로 지원하는 '청소년 코디네이터'도 각 청소년 수련관에 배치한다. 또, 청소년 수련관을 이용하는 청소년 개개인에 대한 시설 이용 행태와 특징 등을 기록한 '인생성장 노트'도 2018년에 시범 운영된 후 2021년 전체 수련관으로 전면 확대돼 시행됨으로써 청소년들의 진로와 진학에 도움을 줄 예정이다.

서울의 도시 외교 인프라를 활용해 해외 도시 청소년들과 상호 교류하는 '청소년 해외문화교류'는 2017년 60명에서 2021년에는 연간 320명으로까지 확대된다. 서울과 타 지역 청소년 간의 도시-농촌 문화교류도 2017년 2,700명 수준에서 2021년에는 연 3,500명으로 확대된다.

청소년들이 상시적으로 대중 앞에서 작품을 전시하거나 공연을 펼칠 수 있도록 2018년부터 '청소년 전용 놀토거리'도 시범 운영하고, 오는 2021년까지 권역별로 확대해나간다. 또, 청소년들이 자신의 끼와 재능을 선보이는 '청소년전용 재능 플리마켓'도 내년 광화문광장에서 시범 운영하고, 오는 2021년 4개소로 확대한다. 특히, 서울시는 이런 개인 체험 활동이 학교 생활과 연계될 수 있도록 생활기록부 기재 및 출석 시간 인정 추진을 시 교육청과 지속적으로 협의해나갈 예정에 있다.

셋째, 지난 2016년 겨울의 촛불집회에서 보여준 청소년들의 사회 참여 의지를 반영해 청소년에 대한 참정권 확대를 추진한다. 현재 UN 회원국 192개국 중 선거권이 주어지는 연령 기준이 18살 이하인 나라는 모두 147개국에 달한다. 일례로 독일의 경우에는 16살에 교육감과 지방 의회 선거, 18살부터는 연방 의회 선거에 참여할 수 있고, 일본은 지난 2015년 법 개정을 통해 투표권 기준을 18살로 낮춘바 있다. 따라서 서울시는 현행 19살에 머물러 있는 공직 선거권 연령을 18살로 낮추는 내용으로 정부에 관련 법령 개정을 건의하는 동시에, 청소년 모의 선거 체험 등 민주주의 선거 교육을 시가 선도적으로 실시함으로써 사회적인 공감대 확산에 나선다는 계획이다. 청소년 모의 선거 체험은 총선과 지방 선거 때 실시되며, 서울시 청소년 활동 사이트 '유스내비(www.youthnavi.net)'를 활용한다.

청소년들이 자신들과 관련된 서울시 정책의 수립에 주도적으로 참여할 수 있는 길도 확대된다. 각 자치구를 대표하는 100명의 의원단으로 구성된 청소년 대의 기구인 '서울시 청소년 의회'에 참여하는 자치구를 현재 23개 구에서 오는 2021년까지 25개 전 자치구로 확대한다. 또한 청소년 의회 의원 선출 방식도 현재의 '추천' 방식에서 2018년부터 '직접 선출'을 병행하는 방식으로 공정성과 대표성을 강화하고, 청소년 전용 정책제안 시스템

(Youth Voice)을 '유스내비' 내부에 구축해 2019년부터 운영에 들어간다. 뿐만 아니라 청소년 스스로 조직하고 운영하는 서울형 청소년 동아리를 현재 440개에서 2021년에는 1,000개로까지 확대하는 걸 지원해, 다양한 특기 계발과 시민성 등 미래 역량 강화를 도모하고, 이를 서울형 혁신교육지구 사업의 청소년 자치 활동과도 연계한다.

청소년 사회참여 활성화 기반 마련

공직선거권 연령 인하 추진

'2017 **19**세 → '2018 **18**세 인하추진

공직선거권 연령 인하 당위성 홍보를 통한 공감대 형성

·선거권 인하 필요성, 외국사례 공유 등을 위한 대토론회 개최

청소년 모의 선거 체험 등 민주주의 선거 교육 운영

·후보자 정책 살피기, 투표절차 / 방법 등 사전 교육 지원

·청소년활동사이트 유스내비 내 (가칭) Youth-Voting 코너 신설, 모의투표 실시

관계 부처에 선거연령 인하(19세→18세) 관련 법령 개정 추진

넷째, 일상에서 청소년 안전을 담보할 수 있는 청소년 인권 친화적인 환경을 조성한다. 청소년 인권 교육 대상을 청소년뿐만 아니라 청소년 시설 종사자, 학부모, 교사, 관계 공무원 등 성인으로 확대(연 1만2천 명→1만 3,500명)하고, 청소년 인권 침해 사건이 발생했을 때 상담과 조사를 전담할 '청소년 전담 인권보호관'(3인)도 추가로 지정해 운영을 시작한다.

다섯째, 사회의 특별한 지원과 보호가 필요한 취약계층 청소년과 학교

밖 청소년(서울시내 총 1만1천여 명)에 대한 맞춤형 지원을 확대한다. 폭력과 가출 등 위기 청소년에 대한 예방 지원도 강화한다. 우선 2018년부터 그동안 공공의 지원 밖에 있었던 대안교육 기관에 다니는 취약계층(기초생활수급자, 차상위 계층)의 학교 밖 청소년 약 150명에게 수업료를 전액 지원하고, 약 600명에게는 검정고시 교재비와 학원비를 실비루 지원해 경제적 어려움 때문에 학업을 중단하는 일이 없도록 한다는 계획이다.

2018년부터 시립 청소년 시설 프로그램 사용료 감면 대상을 기존 기초생활수급자 초중고 학생에서 차상위 계층 이하 청소년 전체로 확대해 그동안 지원의 사각지대에 있었던 학교 밖 취약계층 청소년 500여 명이 새롭게 혜택을 받을 수 있게 된다. 그와 더불어 방과 후 학습·돌봄 지원도 강화된다. 오는 2021년까지 취약계층 청소년을 대상으로 하는 청소년 시설 내 '청소년 방과 후 아카데미'를 28개소(현재 20개소), 중학교 내 '방과 후 공부방'을 43개소(현재 36개소)로 각각 확대한다. 청소년 배회(밀집)지역을 중심으로 가출 청소년 보호 지원을 위한 쉼터를 오는 2021년 18개소로 늘려서(현재 15개소) 가출 예방 및 조기 발견, 보호, 사회 적응 등을 종합적으로 지원하고, 청소년 안전망을 보다 촘촘히 한다.

이와 같이 지방 정부가 자체적으로 청소년정책 중장기 기본계획을 수립한 것은 서울시가 최초이자 아직까지는 유일한 사례다. 국가 전체를 아우르는 제6차 청소년정책 기본계획이 세워져 있긴 하지만, 각 지역별로 소득수준 편차와 역사, 문화 같은 나름의 특성이 있기 때문에 독자적인 기본계획을 수립하려는 시도는 반드시 필요하다. 서울시의 모범이 전국적으로 확산되길 기대해 본다.

두말하면 잔소리겠지만, 청소년 지도사는 서울시의 사례와 같은 지방 정부의 청소년정책 기본계획으로부터도 지대한 영향을 받게 된다. 하나의 사례로, 2018년 7월 서울시립 청소년수련관에 청소년 지도사 자격증을 갖춘 '청소년 코디네이터'가 선발되어 배치되었다. 청소년 코디네이터는 "마을이 학교다"를 모토로 지자체, 학교, 종교 시설, 복지 시설, 지역 단체, 지역 문화유산, 지역 전통문화 등 지역 공동체의 마을 자산을 청소년 활동과 연계시키는 역할을 담당한다. 이런 조치는 혁신교육지구 프로젝트와 연계해 각 마을에서의 혁신교육을 가속화하는 촉매제가 될 것으로 예상된다.

또한 서울시는 매년 청소년 시설들의 실적에 대한 종합 평가를 진행해 최고 500만원의 인센티브를 부여하고 있다. 요컨대 여성가족부가 국가의 청소년 정책 방향에 대한 설계와 큰 틀을 짜는 설계사라면, 서울시와 같은 광역 지방 정부는 시설 운영에 필요한 보조금 예산 지원, 실적 종합 평가, 청소년 보호 및 복지 현장 지원, 청소년의 권리 신장을 위한 청소년 의회 운영, 청소년 시설 안전 및 프로그램 안전 관리, 청소년 지도사 처우 개선, 청소년 참여 활성화 같이 현장에서 직접 공사를 총괄하는 시공사이며, 여기에 우리 청소년 지도사들은 하나하나 벽돌을 쌓고 집을 짓는 핵심 일꾼으로 참여하고 있는 셈이다. 그것이 바로 청소년 지도사들이 자율적이고 독립적인 청소년 정책과 결코 무관할 수 없는 이유이며, 선거와 같이 세상 돌아가는 이야기에 관심을 기울여야할 이유이기도 하다.

4장

청소년 지도사는 이런 곳에서 일해요

미래의 청소년 지도사를 꿈꾸거나 혹은 관심을 가지고 있는 청년들이 가장 궁금하게 여길 부분은 뭐니 뭐니 해도 자격증을 취득한 뒤의 진로가 아닐까 한다. 쉽게 말해 자격증을 따면 어디에 써먹을 수 있느냐 하는 것이다. 일단 청소년 지도사 자격을 취득하면, 국가 정책, 교육, 민간 차원의 청소년 분야에서 활동 할 수 있다. 좀 더 구체적으로 이야기하면, 가장 일반적인 경로로는 국가가 청소년활동 진흥법에 근거해 설치, 운영하고 있는 전국의 청소년 수련 시설에 채용돼 일하는 방법이 있다. 해당 시설들은 아무래도 법령에 의거해 설치되고 운영되는 시설들이다 보니, 국가에서 발급하는 청소년 지도사 자격증의 보유 여부를 최우선적인 채용 기준으로 삼는 게 일반적이다. 물론 교원이나 평생 교육사, 사회 복지사 같은 관련 자격증 보유자들도 취업은 가능하지만, 시설에서는 청소년에 특화된 교육을 받고 정식으로 자격을 취득한 청소년 지도사들을 보다 더 선호하는 경향이 있다.

그렇다면 이 대목에서 생겨나는 또 다른 궁금증, 청소년 수련 시설이란 과연 어떤 곳을 말하는 걸까? 벌써부터 "뭐예요, 이러다 청소년은 도대체 언제 만나는 거냐고요" 하는 성미 급한 독자들의 아우성이 귀에 들려오는 듯하나, 조금만 참고 기다리시길. 그 전에 먼저 관련 법령부터 잠깐 톺아보고 넘어갈 필요가 있으니 말이다.

청소년활동 진흥법은 제2조 '정의'에서 청소년 활동 시설을 "청소년 수련 활동, 청소년 교류 활동, 청소년 문화 활동 등 청소년 활동에 제공되는 시설로서 제10조에 따른 시설을 말한다"라고 기술하고 있다. 그럼 그 다음은 당연히 10조로 눈길을 향해야할 차례, 좀 길지만 그대로 옮겨보면 아래와 같다.

제10조(청소년 활동 시설의 종류) 청소년 활동 시설의 종류는 다음 각 호와 같다.

1. 청소년 수련 시설
   - 가. 청소년 수련관: 다양한 청소년 수련거리를 실시할 수 있는 각종 시설 및 설비를 갖춘 종합 수련 시설
   - 나. 청소년 수련원: 숙박 기능을 갖춘 생활관과 다양한 청소년 수련거리를 실시할 수 있는 각종 시설과 설비를 갖춘 종합 수련 시설
   - 다. 청소년 문화의집: 간단한 청소년 수련 활동을 실시할 수 있는 시설 및 설비를 갖춘 정보·문화·예술 중심의 수련 시설

라. 청소년 특화 시설: 청소년의 직업 체험, 문화예술, 과학정보, 환경 등 특정 목적의 청소년 활동을 전문적으로 실시할 수 있는 시설과 설비를 갖춘 수련 시설

마. 청소년 야영장: 야영에 적합한 시설 및 설비를 갖추고, 청소년 수련거리 또는 야영 편의를 제공하는 수련 시설

바. 유스호스텔: 청소년의 숙박 및 체류에 적합한 시설·설비와 부대·편익 시설을 갖추고, 숙식편의 제공, 여행 청소년의 활동 지원(청소년 수련 활동 지원은 제11조에 따라 허가된 시설·설비의 범위에 한정한다)을 기능으로 하는 시설

2. 청소년 이용 시설: 수련 시설이 아닌 시설로서 그 설치 목적의 범위에서 청소년 활동의 실시와 청소년의 건전한 이용 등에 제공할 수 있는 시설

[전문개정 2014.1.21.]

다시 한 번 강조하지만, 방금 열거한 청소년 시설들은 엄연히 국가가 제정한 법률에 근거해 공공성과 공신력을 보장받은 곳들이니만큼 그 곳에서 일하는, 혹은 일하게 될 청소년 지도사들은 충분히 자부심을 가지고 청소년들을 만날 자격이 있다. 부모나 친척, 친구들이 "그래서 네가 일하겠다는 곳이 대체 뭐하는 곳이니?"라고 한마디씩 툭툭 던진다고 해서 괜히 움츠려 들거나 쫄지는 말자는 이야기다.

여기서 한 걸음 더 나아가 청소년활동 진흥법에 거론된 청소년 시설들에 대해 조금만 더 설명을 보탤 필요가 있겠다. 우선 **청소년 수련관**은 가장

대표적인 청소년 시설로서 다양한 수련거리를 실시하는 종합 수련 시설이다. 주요 프로그램 및 활동으로는 청소년 활동 분야의 캠프, 주말 체험, 싱취 포상제, 자원 봉사 활동, 해외 문화 체험이나 자원 봉사 등의 국제 교류 활동, 동아리 활동, 교육 문화 분야의 외국어, 과학, 창의력, 수학, 미술, 음악, 취미, 독서, 논술 같은 평생 학습 프로그램, 생활 체육 분야의 수영, 헬스, 농구, 배드민턴, 탁구, 암벽 등반 같은 다양한 체육 강좌, 진로 교육 분야의 진로 탐색, 직업 체험, 진로·직업 관련 검사, 진로 상담, 유관 학과 대학생 실습 등이 있다. 다음으로 **청소년 수련원**은 숙박 기능을 갖춘 종합 수련 시설로서 초·중·고교와 연계한 단체 수련 활동, 임원 수련회, 숙박형 현장 체험 학습, 일일 현장 체험 활동, 특성화 캠프 등을 운영한다. **청소년 문화의집**은 간단한 수련거리를 실시하는 정보, 문화, 예술 중심의 수련 시설로서, 캠프·동아리 활동 등의 청소년 활동, 수학·어학강좌 등의 교육문화 강좌, 진로 체험·지도·탐색, 직업 체험 같이 특색 있는 프로그램들을 운영한다. **청소년 특화 시설**은 특정 목적의 청소년 활동을 전문적으로 실시할 수 있는 수련 시설로서, 영상미디어, 진로 및 대안교육, 성문화, 국제 교류, 자원 봉사 등 특정 분야의 전문 교육 프로그램들을 운영한다. 구체적인 예로 청소년 미디어센터, 학교 밖 청소년 지원센터, 청소년 성문화센터, 청소년 국제교류센터 등이 설치, 운영되고 있다. **청소년 야영장**은 야영 시설을 갖추고 수련거리 및 야영 편의를 제공하는 수련 시설로, 수련원과 유사한 학교 단위의 단체 수련 활동 등의 운영이 가능하다. 마지막으로 **유스호스텔**은 청소년에 적합한 숙박 편의를 제공하는 시설로서 여행 청소년의 활동 지원을 목적으로 운영된다. 허가받은 시설과 설비 범위 내에서 수련원이나 야영장처럼 학교 단위의 단체 수련활동 등도 이뤄진다.

현재 청소년 수련 시설은 전국에 공공 수련 시설 551개소와 민간 수련 시설 249개소를 합쳐서 모두 800개가 설치 및 운영되고 있으며, 지역과 종류에 따른 현황은 다음과 같다.

청소년수련시설현황 총괄표(2017.12.31.기준, 개소)

시·도	구분	총계	청소년 수련관	청소년 문화의집	청소년 수련원	청소년 야영장	유스 호스텔	청소년 특화시설
총계	계	800	185	258	189	43	115	10
	공공	551	184	253	64	19	21	10
	민간	249	1	5	125	24	94	0
서울	60	60	32	15	3	0	4	6
부산	26	26	8	12	3	2	1	0
대구	14	14	5	4	2	0	2	1
인천	29	29	8	5	5	6	5	0
광주	11	11	5	4	1	0	0	1
대전	15	15	4	7	3	0	1	0
울산	10	10	1	8	1	0	0	0
세종	2	2	1	1	0	0	0	0
경기	157	157	33	58	42	9	15	0
강원	80	80	15	30	18	4	12	1
충북	47	47	6	13	21	1	6	0
충남	49	49	11	12	15	2	9	0
전북	53	53	10	18	14	3	7	1
전남	58	58	10	20	14	6	8	0
경북	64	64	15	15	14	4	16	0
경남	75	75	18	15	28	4	10	0
제주	50	50	3	21	5	2	19	0

그렇다면, 청소년활동 진흥법 제10조 2항에 등장하는 청소년 이용 시설은 또 뭘까? 여기에 대해서는 해당 법률의 시행령 제17조 '청소년이용시설의 종류'에 자세히 기술되어 있다.

시행령 제17조(청소년이용시설의 종류 등)

① 법 제32조 제4항에 따른 청소년이용시설의 종류는 다음 각 호와 같다. 〈개정 2015.7.20.〉

1. 「문화예술진흥법」 제2조 제1항 제3호의 문화시설
2. 「과학관의 설립·운영 및 육성에 관한 법률」 제2조 제1호의 과학관
3. 「체육시설의 설치·이용에 관한 법률」 제2조 제1호의 체육시설
4. 「평생교육법」 제2조 제2호의 평생교육기관
5. 「산림문화·휴양에 관한 법률」 제13조, 제14조 및 제19조에 따른 자연휴양림
6. 「수목원·정원의 조성 및 진흥에 관한 법률」 제2조 제1호의 수목원
7. 「사회 복지사업법」 제2조 제5호의 사회복지관
8. 시민회관·어린이회관·공원·광장·둔치, 그 밖에 이와 유사한 공용시설로서 청소년 활동 또는 청소년들이 이용하기에 적합한 시설
9. 그 밖에 다른 법령에 따라 청소년 활동과 관련되어 설치된 시설

② 시장·군수·구청장은 제1항에 따른 청소년이용시설 중 상시 또는 정기적으로 청소년의 이용에 제공할 수 있는 시설로서 청소년 지도사를 배치한 시설에 대해서는 그 설치·운영자의 신청을 받아 청소년이용권장시설로 지정할 수 있다.

③ 국가 또는 지방 자치 단체는 제2항에 따라 지정된 청소년이용권장시설에 대

해서는 다른 청소년이용시설에 우선하여 법 제32조제3항에 따른 지원을 할 수 있다.

④ 제2항 및 제3항에 따른 청소년이용권장시설의 지정신청·지정절차, 그 밖에 필요한 사항은 여성가족부령으로 정한다.

[전문개정 2014.7.21.]

물론 국가나 지방 자치 단체에서 운영하는 청소년 수련 시설과 이용 시설 이외에도 청소년 단체, 청소년 복지 시설, 기업체 산하의 청소년 사업 등 민간 영역으로까지 시야를 넓히면, 청소년 지도사의 역량을 필요로 하는 곳들은 훨씬 더 그 범위가 넓어진다. 그걸 한눈에 볼 수 있게 표로 정리해보면 이렇다.

청소년 지도사의 활동 분야

구분	분야
국가정책 차원의 청소년 활동	- 한국청소년 활동진흥원 - 시·도 청소년 활동진흥센터 - 청소년 단체 - 청소년수련시설 : 청소년수련관, 청소년 수련원, 유스호스텔, 청소년야영장, 청소년 문화의집, 청소년특화시설 - 청소년이용권장시설 - 청소년복지시설 - 청소년보호·재활센터 - 청소년성문화센터 - 청소년방과후아카데미 - 청소년지원시설 - 청소년육성업무 공무원 - 보호관찰관 및 소년원교육 - 청소년계 경찰공무원

교육 차원의 청소년 활동	- 청소년 단체지도교사 - 시·도 교육청 산하 학생교육원 등 - 교육복지우선지원사업 - Wee스쿨, Wee센터, Wee클래스
민간 차원의 청소년 활동	- 기업체 산하 청소년사업 - 아동복지시설 - 시민사회단체

이처럼 청소년 지도사는 청소년들이 활동할 수 있거나 활동하기에 적합한 모든 시설에서 청소년들과 함께할 기회를 가지며, 청소년 분야 내에서도 다양한 모습으로 그 역할을 다할 수 있는 가능성과 비전을 가진 직업이라 할 수 있다. 물론 그렇다고 해서 장밋빛 미래와 꽃길만이 펼쳐져 있는 직업이라는 뜻은 절대 아니다. 청소년 지도사는 불과 얼마 전까지만 하더라도 국가직무분류(NCS분류) 체계상에서 독자적인 직업이 아닌 직무의 한 형태로만 존재했던 직업이었다. 따라서 아직은 사회적인 위상이 높지 않고, 업무 강도에 비해 보수 또한 넉넉지 않은 편이다. 이후 이어질 장에서 더 구체적으로 이야기되겠지만, 현실에서 부딪히게 될 여러 가지 벽들도 결코 만만치 않다. 그러나 적어도 우리에겐 청소년들을 만나고, 그들과 울고 웃으며 함께 부대낄 수 있는 공간과 제도와 기회가 있다. 남은 건 그 기회를 향해 뛰어들 수 있는 용기와 온갖 어려움을 하나하나 극복하고자 하는 열정, 그리고 아이들을 향한 애정이다. 선택은 오롯이 여러분의 몫이다.

청소년 2부
지도사라
다행이야

5장

나에게 쓰는 편지

—

안녕. 지니야! 난 10년 후의 너야. 그때 네가 꿈꿨던 10년 후 내 모습은 한국을 떠나 낯선 땅 어딘가에서 수많은 아이들과 더불어 살아가는 삶이었지, 아마? 때로는 엄마가 되어주고, 또 때로는 아빠가 되기도 하면서 누군가에게 버팀목이 되어주는 삶 말이야. 중학교 때부터던가? 나라 밖 곳곳엔 과거 5,60년대에 우리가 그랬듯이 하나부터 열까지 너무나 부족하고 열악해서 학교조차 제대로 갈 수 없는 내 또래 친구들이 있다는 사실을 알고는, 꼭 그런 나라에 건너가서 그들과 서로 도움을 주고받으며 더불어 사는 삶을 꿈꿨었잖아.

대신 오늘의 나는 그간 여러 가지 일들을 겪으며 한국에서, 그리고 때로는 외국에서 내가 배우고 할 수 있는 것들을 최대한 실천하며 살려고 노력 중에 있어. 비록 10년 전에 계획했던 것과 똑같은 삶은 아니지만, 그래도 하루하루 열심히 살아갈 수 있게 해준 너에게 정말 고마워. '배워서 남 주자', 'Carpe diem(현재를 즐겨라)!' 그 때 가슴에 새겼넌 두 좌우명대로 내가 배운 지식과 경험을 다른 사람을 위해 쓰는 것, 무엇보다 내일의 행복을 위해 오늘의 행복을 미루지 않는 것! 이 두 가지 삶의 목표는 뚜렷한 목표도, 동기도 없었던 당시의 내게 오늘을 열심히 살 이유와 공부의 재미를 불어 넣어 줬었지.

중학교 때 기억나? 엄청 추운 겨울 날, 난생 처음으로 서울의 외곽에 위치한 한 동네에서 연탄 배달 봉사를 해봤잖아. 단순히 봉사 시간을 채우려고 갔던 활동에서 손은 꽁꽁 얼어터질 것 같고 다리는 퉁퉁 부어왔지만, 같이 배달하는 사람들과 오가며 눈인사를 나누고 연신 고맙다며 고개를 숙이는 주민 분들의 거친 손을 잡아드렸던 기억은 정말 처음 느껴보는 그 무엇이었어. 내가 무슨 대단한 사람이 된 거 같고, 내 조그만 수고로 그 분들에게 겨울 한철을 날 수 있는 힘을 준 것 같아 마냥 으쓱했던 그날. 아마 그때가 누군가를 돕고 싶다는 목표를 세우게 된 첫 계기였던 거 같아.

그 뒤로 고등학생들을 대상으로 하는 방학 특별 수련회에 가서 '배워서 남 주자!'라는 강의를 듣고, 연탄배달 할 때 만났던 사람들의 얼굴을 되새기면서 그런 일회성의 봉사 말고도 내가 가진 지식을 통해 다른 사람을 도울 수 있는 길은 얼마든지 열려있다는 사실을 깨닫게 됐지. 아마 그때부터였던 것 같아. 처음으로 '혼자 알아서' 공부를 하기 시작한 게 말이야. 다른 친구들보다 워낙 출발이 느렸기에 이 편지를 받아보고 있는 열여덟 살의 너는 하루에 4시간 잠자는 거 이외에는 오직 공부에만 매달렸었지. 아, 물론 틈틈이 떡볶이도 먹고, 친구들과 수다를 떨기도 했었구나, 헤헤. 근데 지금 생각해보면 그런 고3 시절이 제일 피곤하고 힘들었지만, 다시 돌아가고 싶을 만큼 행복한 시간이기도 했어. 잠을 쫓는답시고 엄청 매운 안약도 넣고, 학교 야자실에서 흐르는 코피를 솜으로 틀어막고는 뭐가 그리 즐거운지 낄낄 대던 그 시절이… 정말 지나고 나면 모든 게 다 추억이다, 그치?

그때 네가 그렇게 노력해준 덕분에 난 원하던 청소년학과에 수시로 합격하게 됐어. 참, 그러고 보니 애당초 너는 사회복지학과나 심리학과를 택하려고 했었지? 근데 고3때 우연히 청소년학과라는 전공이 있다는 걸 알게 된 뒤로는, 마치 뭔가 알 수 없는 힘에 이끌리듯 자꾸만 그 쪽으로 눈길이 가더라. 인간의 삶에서 '복지'라는 측면만 들여다보는 게 아니라, 누구나 거쳐 갈 수밖에 없는 '청소년'이라는 시기의 고민과 행동 양식을 분석하고, 어떻게 하면 내면의 아름다운 가치와 잠재력을 끌어낼 수 있을까 연구하고 또 실천하는 게 그렇게 흥미롭게 느껴질 수 없었어. 게다가 수능도 안보고 합격이라니, 얼마나 신났겠어!

그렇게 대학교에 들어가서는 일단 아르바이트부터 시작했어. 그리고 어느 정도 돈이 모였다 싶을 즈음 이란으로 해외 교류 활동을 떠나게 되는데, 이 때부터 네가 마음속에 그리던 것 이상의 인생이 펼쳐지기 시작해. 애초 친한 언니 오빠들과 가벼운 마음으로 떠난 그 여행에서 현지의 또래 친구들과 서로 각자의 문화를 알려주고 같이 여행도 다니며 얻은 강렬한 희열은 이후 4년 뒤 한 청소년 기관에 인턴으로 지원하는 계기가 돼. 당시의 경험과 내 전공을 잘 접목시켜서 재미있는 해외 봉사 활동을 기획해보고 싶었거든. 물론 아쉽게도 해외 봉사 인턴이 아니라 멘토링 사업을 담당하는 인턴으로 발령이 났지만, 덕분에 고3 때의 그 치열함이 되살아나는 느낌을 받을 수 있었어. 그 당시 서울에 있는 초등학교, 중학교를 모두 합치면 천 개가 넘었던 걸로 기억하는데, 인턴 생활을 시작하고 나서 일주일 동안 하루 8시간 내내 전화통을 붙잡고 사업 소개하면서 같이 활동할 친구들을 모집하는 일을 했었거든. 솔직히 얼마나 힘들었던지, 그때 전화 돌리면서 만들었던 대본을 아직도 간직하고 있잖아. 한 번 보여줄까?

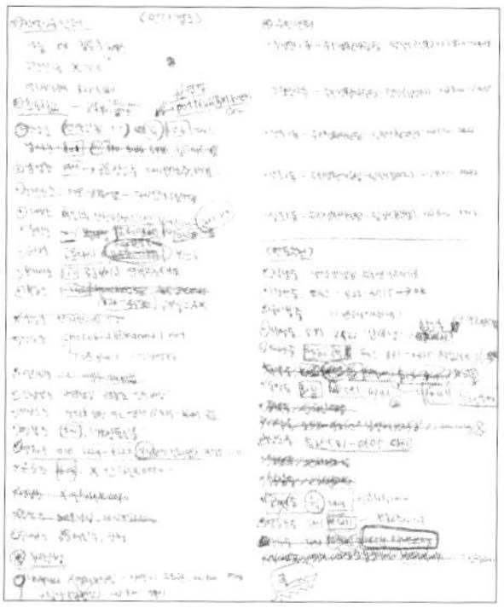

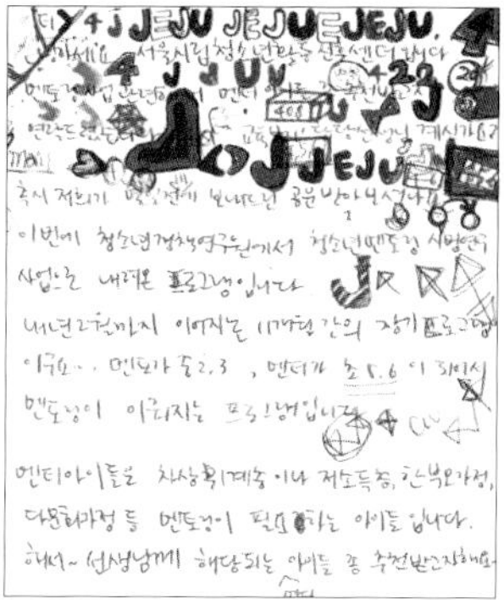
이번에 청소년정책연구원에서 청소년멘토링 시범연구 사업으로 내려온 프로그램입니다
내년 2월까지 이어지는 11개월간의 장기프로그램이구요.. 멘토가 중2,3, 멘티가 초5.6이 되어서 멘토링이 이뤄지는 프로그램입니다
멘티아이들로 차상위계층이나 저소득층, 한부모가정, 다문화가정 등 멘토링이 필요하는 아이들 입니다.
해서~ 선생님께 해당되는 아이들 좀 추천받고자해요.

난 요즘도 일이 힘들거나 청소년 지도사 생활을 시작하며 품었던 첫 마음이 흔들린다 싶을 때면, 가끔 이 대본을 꺼내서 물끄러미 들여다보곤 해. 그렇게 고생해서 겨우 모집한 아이들과 같이 하고 싶은 활동을 정해서 진행한 뒤 일일이 나아진 부분과 부족한 부분을 꼼꼼히 기록하고, 분석하고, 연구했던, 누가 뭐래도 나의 첫 사업이었으니까.

이후 나는 인턴 생활을 마치고 자격증을 딴 뒤, 드디어 한 청소년 기관에서 청소년 지도사로서의 설레는 첫 발걸음을 떼게 돼. 비록 아직 일한 기간은 그리 오래되지 않았지만, 그 사이 아이들에게 자원봉사 활동을 교육해서 봉사할 기관을 연결해주고, 청소년 참여위원회를 꾸려서 각종 청소년

정책을 모니터하도록 돕는 일 같은 다양한 경험들을 할 수 있었단다. 그 중에서 가장 기억에 남고 뿌듯했던 사업 중 하나는, 몇 년 전 서울시에서 '청소년 유해 환경 개선'이라는 주제로 정책 제안 대회를 열었을 때의 일이야. 요즘은 청소년들에게 정책 아이디어를 받아서 지자체에 제안하는 사업들을 곳곳에서 어렵지 않게 찾아볼 수 있는데, 내가 저 대회를 기획할 때만 하더라도 거의 최초이자 유일하다시피 했거든. 그래서 아이들의 관심도 아주 높았고, 그만큼 참여도 많아서 여러 참신한 아이디어들이 쏟아졌었어. 그 때 본선에서 청중 심사단과 전문 심사단으로부터 최고 점수를 받아 1등을 차지한 아이디어는 이듬해에 바로 현장에 적용돼서 지금도 잘 운영되고 있기도 해. 대체 어떤 아이디어냐고? 편의점에서 술이나 담배를 살 때 계산대에서 "청소년 유해상품입니다. 신분증 검사해주세요"라는 안내 멘트가 자동으로 나오게 하는 건데, 그 뒤로 계산원이랑 손님 사이에 불필요한 실랑이가 많이 줄었다고 하더라고. 그 사업을 기획한 걸 계기로 청소년 지도사라는 직업에 대해 완전히 확신을 가지게 됐고, 그 가능성과 역할에 대해 자부심을 품게 됐지.

음, 그럼 10년 전에 꿈꿨던 삶은 완전히 포기한 거냐고? 미련이 남지 않는다면 아무래도 거짓말이겠지. 대신 청소년 지도사가 되고난 이듬해에 같은 일을 하는 두 친구와 함께 '행복을 찾아 떠나는 여행'이라는 프로젝트를 시작하게 돼. 일을 시작한 뒤로 돈이 조금씩 모이면 소소하게 여행을 떠나는 취미가 생겼었는데, 어느 날 한 친구가 "이왕 여행하는 김에 우리가 잘하는 거 재미있게 기획해서 떠나볼까?"하고 말을 꺼낸 거야. 그 한마디를 계기로 우리는 주변으로부터 후원을 받아 네팔로 건너가서 그 곳의 보육원 친구들과 한국에서 하던 것처럼 이런저런 프로그램도 진행하고, 학용품과 위생용품, 방한용품 같은 선물도 전달하는 프로젝트를 진행했어. 그러는 과정에서 청소년 지도사라는 직업을 통해 배운 것들을 또 다른 그 누군가에게 베풀 수 있다는 사실과, 말도 안 통하고 완전히 낯선 환경에서 살아온 아이들과 소통하고 마음을 나눌 수 있다는 사실을 직접 확인하면서 '내가 청소년 지도사라서 참 다행이야'라는 생각을 한 적이 한두 번이 아니야. 그간 맘속에 품었던 '배워서 남에게 베푼다'는 생각이 얼마나 오만한 것이었고, 그런 생각에서 한 일들이 오히려 나 자신이 더 성장하고 사랑받을 자격이 있는 사람으로 거듭나게 하는 자양분이었다는 사실도 깨닫게 됐고 말이지.

지니야! 그래서 난 네가 참 고마워. 10년 전의 네가 지금의 이 길을 가기로 마음 먹어준 덕분에 난 그동안 2천 명이 넘는 아이들을 만날 수 있었고, 그 아이들과 함께 다양한 활동을 하며 청소년이 조금이라도 더 행복한 사회를 만들기 위해 작은 힘이나마 보탤 수 있었으니 말이야. 게다가 같은 길을 가는 든든한 동료들도 얻었고, 적으나마 돈도 벌고 있다고. 그리고 지금은 인생에서 좌우명도 하나 더 새로이 추가하게 됐는데, 바로 '손해 보며 살자'는 거야. 이렇게 마음먹고 지낸지는 한 3년 정도 됐는데, 나의 정신 건강과 삶의 질을 높이는 데 큰 도움이 되고 있어. 신기하지? 손해 보는 데 왜 좋아지는 건지, 세월이 흐르면 알게 될 테니 정 궁금하면 물어보러 와!

그럼 오늘도 공부하느라 코에서는 피가 나고 눈은 빨갛게 충혈 돼 있겠지만, 틈틈이 선생님 몰래 담타고 나가서 떡볶이도 사먹고 바람도 쐬면서 소소한 여유만큼은 잃지 않는 열여덟의 지니가 되렴. 행복하자, 우리!

6장

아이들을 빛내주는 밤하늘이 될래요

청소년 지도사 5인의 좌담

—

세상에는 시골 밤하늘에 촘촘히 박혀 있는 별들만큼이나 무수한 직업들이 존재한다. 우리가 아침에 눈을 뜨고 다시 밤에 잠자리에 들기까지 진행되는 크고 작은 일상 하나하나는 얼굴도 모르는 그 누군가의 노동이 있기에 가능한 것이고, 그 노동은 그것을 행하는 이들에게는 곧 직업이 된다. 따라서 우리가 흔히 들어온 '직업에는 귀천이 없다'는 말은 그저 도덕 교과서에나 나올 법한 하나마나한 소리가 아니라 엄연한 사실이다. 그 수많은 직업들이 행하는 노동이 톱니바퀴처럼 맞물려 돌아가는 사회에서 그 중 몇 개의 톱니만 빠져 버려도 그것은 곧 일상의 불편이나 지장, 때로는 중단이라는 결과로 우리에게 되돌아 올 테니 말이다.

그럼에도 각각의 직업을 대하는 우리의 인식에는 분명 환절기 낮과 밤의 온도 차이만큼이나 현격한 차이가 존재한다. 봄철 산행에 나선 사람들이 흐드러지게 핀 진달래와 개나리에 온통 시선을 빼앗긴 그 순간에도 그 주위에는 무수한 이름 모를 풀과 나무가 한데 어우러져 비로소 푸르른 산을 연출해내듯이, 아무도 돌아보지 않는 곳에서 묵묵히 각자의 일을 행하는 평범하디 평범한 보통의 사람들. 그러나 그들이 하는 일은 화려한 조명은 차치하고라도 존재조차 제대로 알려지지 않는 경우가 다반사다. 지금 내가 하는 이 일도 딱 그런 경우에 해당한다.

나의 직업은 청소년 지도사다. 이 나라의 청소년이라면, 그리고 청소년 자녀를 둔 부모라면 누구나 한 번 쯤은 마주했을 법한 청소년 지도사라는 직업은 뉴스나 드라마, 신문에는 거의 오르내리지 않는 이른바 '희귀' 직업군이다. 전국 각지의 청소년 수련관이나 청소년 문화의집 등 다양한 청소년 기관 및 복지 기관에서 45,974명의 청소년 지도사들이 지금 이 순간에도 청소년들과 함께 울고 웃으며 그들의 가장 아름답고도 소중한 시간의 한 자락을 채워주고 있음에도 우리는 여전히 생소하고도 희귀한 존재로 머물러 있는 것이다.

물론 그렇다고 해서 제발 우리를 주목해달라고 투정부리거나 새삼 인정투쟁(?)을 벌이고 싶은 생각은 추호도 없다. 다만 조금의 여유나 일탈조차 허락하지 않는 벼랑 끝 같은 경쟁 사회 속에서 살아가는 우리 아이들에게 잠시나마 숨을 고르고, 하늘의 별을 바라보며, 현재의 자신을 돌아보고, 미래를 꿈꾸게 해주는 청소년 지도사들이 과연 어떤 고민과 애환 속에서 아이들을 만나는 지 한 번 쯤 귀 기울여볼 기회를 제공하고 싶은 것이다. 청소년 지도사 스스로를 위해서가 아니라, 이른바 미래세대라고 불리는 바로 우리의 아이들을 위해서 말이다.

이 글은 광진청소년수련관에서 나와 함께 일하는 동료들과 나눈 대화를 좌담 형식으로 재구성한 글이다. 평일, 주말 할 것 없이 날마다 같은 공간에서 직장 동료로 일하면서도 한 번도 이런 주제의 대화를 나눈 적 없던 우리에게는 이 자체가 새로운 실험이자 경험이요, 나와 우리를 비춰보는 거울이었다.

먼저 각자 소개를 간단히 부탁드립니다.

정웅(이하 웅) 청소년 지도학과를 졸업한 뒤 '방과 후 아카데미'에서 청소년 관련된 직업에 첫 발을 내디뎠고, 현재는 광진청소년수련관의 업무지원 팀에서 인사와 총무 일을 맡고 있습니다.

최수연(이하 수연) 저도 청소년 지도학과를 나와서 이곳 수련관을 포함해 청소년 기관에서 7년 동안 청소년들을 만나고 있습니다.

이수림(이하 수림) 성교육 팀에서 일을 시작해서 지금은 진로 팀으로 발령받아 일하고 있는 5년차 청소년 지도사입니다.

최서율(이하 서율) 저는 청소년 지도를 전공했지만, 다른 분야에 취직해 일을 하다가 청소년 분야로 다시 돌아온 케이스예요. 청소년 활동 팀에 근무한 지 6년 됐고요.

전찬혁(이하 찬혁) 애초 사범대학에서 국어교육을 전공한 교사 지망생이었다가 학교 밖에서 아이들과 좀 더 자유롭게 다양한 활동들을 함께하고 싶어 청소년 지도사로 방향을 틀었고, 벌써 햇수로 10년차에 접어들었네요.

왼쪽부터 시계방향으로 전찬혁, 이수림, 김진영, 최수연, 정웅

우선 다들 현업에서 활동하는 청소년 지도사들이잖아요. 그런데 이 직업을 어떻게 알고 선택하신 거예요? 인터넷에서 검색 해봐도 뭐가 뭔지 알 수 없는 내용들만 잔뜩 나올 텐데.(웃음)

웅 고등학교 때는 원래 학교 선생님을 하려고 했었어요. 그러다 알고 지내던 대학생 형이 자기네 학교에 청소년을 전공으로 하는 학과가 있다고 얘기해줘서 처음으로 청소년 지도나 상담학과의 존재를 알게 됐죠. 그걸 알게 된 순간부터 딱히 무슨 사명감이라기보다는 그저 '지금 내 또래의 아이들을 위한 삶을 살고 싶다'는 생각이 들기 시작하더라고요. 그 나이대의 아이들을 보면 나름 온갖 고민과 어려움을 겪으면서도 누군가에게 털어놓고 도움을 청하기보다는 혼자 끙끙 앓거나 시간이 해결해주겠지 하는 경우가 많잖아요. 그런 아이들한테는 곁에서 이야기를 들어주는 어른이 필요한데, 제가 그런 사람이 되는 것도 나쁘지 않겠다고 생각한 거죠.

수연 저는 사회성이 뛰어난 편이라 진로 적성 검사를 해보면 추천 직업으로 교사나 사회 복지사가 항상 일순위로 나왔어요. 그래서 사회 복지를 전공하기로 마음먹고 자료도 찾아보고 나름 준비를 했는데, 사회 복지도 노인, 장애인, 청소년, 아동 같이 여러 분야로 나뉘더라고요. 그래서 이왕이면 진로 선택이 좀 더 구체적이었으면 좋겠다는 생각에 청소년 쪽에 초점을 맞추게 된 거죠. 어렸을 때부터 워낙 아이들을 좋아하기도 했고요.

수림 어머, 저랑 거의 비슷하네요. 저도 고3때 진로 적성 검사에서 사회복지사가 나왔는데, 아동은 제가 잘 돌볼 것 같지 않았고, 나이 많은 어르신은 감당할 자신이 없었고.(웃음)

서율 전 좀 달라요. 딱히 하고 싶은 것도 없고, 그래서 진로도 완전히 백지 상태일 때 어느 날 담임 선생님께서 "넌 성격도 활달하고 사교성도 좋으니까 청소년학과를 가봐"라고 하시는 거예요. 근데 제가 자란 곳은 지방 도시라 주위에 수련관 같은 것도 없어서 청소년 지도사를 접할 기회 자체가 없었고, 당연히 뭐하는 직업인 지도 몰랐어요. 다만 전공 자체가 이색적이고 재밌겠다 싶어서 선택을 하게 됐죠. 대학에 가서도 2년 내내 응원단과 대외 활동을 하느라 청소년 지도에 대해서 자세히는 몰랐어요. 그래서 휴학을 결정하고 청소년 현장에 나가 일하게 되었고, 그제야 청소년 지도사가 어떤 일을 하는 건지 알게 되었죠.

듣자하니 다들 이 직업에 대해 정말 막연하고 피상적으로만 아는 상태에서 전공을 선택하신 셈인데, 그렇다면 졸업 후에도 이 길을 가겠다고 결심하게 된 이유는 뭘까요? 주위에 보면 대학 때의 전공과 전혀 다른 직업을 선택하는 경우도 전혀 드물지 않을 텐데 말이죠. 혹시 취업이 잘 돼서?

서율 제가 생각하기엔 청소년 지도사 중에서 '그나마 취업이 잘 되니까' 하고 이 일을 택한 사람은 거의 없을 거예요. 그보다는 실습이나 봉사 활동을 통해서 만난 아이들을 못 잊거나 일종의 사명감 때문에 이 일을 업으로 선택하는 경우가 대부분일 걸요.

수림 맞아요. 저는 원래 "난 절대 이 일을 직업으로 삼지는 않을 거야"라고 입버릇처럼 말하고 다니던 사람 가운데 한 명이었어요. 무엇보다도 남들 다 쉬는 주말에도 출근해야 한다는 게 싫었거든요. 그러던 중에 친구들을 따라 광진수련관에서 봉사 활동을 시작했는데, 생각보다 너무 재미있는 거예요. 프로그램도 재미있고, 지도하는 선생님들도 너무 열정적이었고. 특히 제가 직접 개발하고 진행한 프로그램에 참여한 아이들의 반응이 좋으니까 그게 또 너무 뿌듯한 거 있죠. 그렇게 직접 경험해보기 전에는 몰랐던 이 직업의 매력을 알게 되니까 자연스럽게 이 길로 이끌리게 되더군요.

서율 저도 대학교 때 섬이나 오지에 사는 아이들과 함께 어울리는 활동을 하면서 아이들이 나로 인해 조금씩 변해가는 모습을 확인하는 게 너무 짜릿하고 행복했어요. 그런데 막상 졸업을 앞두게 되니까 현실적인 문제들이 확 와 닿더라고요. 급여도 너무 적고, 무엇보다도 사람들이 이 직업 자체를 잘 몰라요. 친구나 친척들한테 설명해도 "그래서 그게 뭐하는 직업이냐니깐? 공무원이야?"하는 반응만 되돌아오곤 했죠. 그래서 첫 직장으로 전공과 전혀 상관없는 다른 분야의 회사에 들어갔어요. 지금 제가 받는 것보다 보수도 훨씬 더 높았죠. 그런데 그곳에서 일하는 동안 계속 미련이 남는 거예요. 청소년 지도사로 일하는 친구들이 종종 SNS에 올리는 활동 사진들을 보면서 '나도 저 자리에 있었으면 얼마나 재미있었을까'하는 생각도 들고. 결국 월급이나 사회적인 인정은 포기하고 내가 좋아하는 아이들 곁으로 가자, 해서 이 일을 시작한 거죠.

그럼에도 오늘날의 대한민국 사회는 청년들이 오직 좋아하고 잘 할 수 있다고 믿는 일에만 열정과 젊음을 쏟아 붓기에는 금전적인 부분 말고도 넘어야할 벽들이 너무나 많다. 그리고 그 중에서도 가장 넘기 힘든 벽은 아마도 부모님과 주위의 '기대'라는 벽이 아닐까. 나랑 전혀 상관없는 누군가가 내 앞길에 대해 이러쿵저러쿵 하는 거야 그냥 가볍게 무시하면 그만이겠지만, 부모가 나에게 거는 기대는 당최 거스르기가 쉽지 않다. 그런데 안타깝게도 청소년 지도사라는 직업은 아직은 이 땅의 많은 부모들에게는 그다지 탐탁지 않은 직업 중의 하나다.

찬혁 우리 세대의 부모님들은 자식에게 바라는 직업이 판검사, 의사밖에 없는 분들이 많아요. 문과는 판검사, 이과는 의사 하는 식으로. 그래서 제가 사범대에 진학하겠다고 하니까, 교사인 아버지는 그나마 별 말씀이 없으셨는데 어머니는 난리가 나셨죠. 그러다 대학을 졸업하고 임용 고시를 준비하다가 갑자기 청소년 지도사를 하겠다고 하니까, 이번엔 두 분다 노발대발하시는 거예요. 하물며 교사도 아니고, 청소년 지도사가 대체 뭐하는 거냐고, 그거 해서 먹고 살 수는 있는 거냐고 말이죠.

웅 제 아버지는 지금도 그만두라고 하세요.(모두 웃음) 고3때 아버지한테는 비밀로 하고 청소년학과에 수시 전형 원서를 넣었다가 떨어졌었어요. 잔뜩 실망해서 학교에서 자율 학습을 하고 있는데, 추가 합격자로 선정됐으니 빨리 서류를 제출하라고 전화가 온 거예요. 그래서 그날 밤 아버지께 처음으로 이야기를 꺼냈더니, 그걸 왜 너 혼자 결정하냐고 정말 불같이 화를 내시더라고요. 그래도 어떻게든 사흘 안에 서류를 내긴 내야 하니까, "살면서 처음으로 하고 싶은 일이 생겼습니다. 제발 이해해 주세요"하고 겨우겨우 설득해서 여기까지 오긴 왔어요. 하지만 요즘도 명절 때 내려가면, "그냥 다 때려치우고 내려와서 공장에라도 들어가는 게 낫지 않겠냐?"고 하세요.(웃음) 고향이 전남 광양인데, 철강 협력업체 아무데나 들어가도 경제적인 면에서는 여기보다 나으니까요,

수연 대학 다닐 때부터 부모님과 친척들에게서 "사회 복지사도 아니고, 청소년학과 나와서 할 수 있는 게 대체 뭐가 있니?"라는 질문을 많이 받았어요. 일단 집 주변에 청소년 수련관 같은 시설이 없어서 청소년 지도사를 접해볼 기회 자체가 아예 전무하다보니까, 어른들에게는 더더욱 생소할 수밖에요. 그래서 다들 반대했는데, 저도 부모님 몰래 수시 전형에 일단 지원부터 하고 난 뒤 합격하고 나서야 부모님께 말씀드렸어요. 그래도 '뭐라도 해보겠다고 나서는 게 어디냐' 하고 생각하셨던지 다행히 더 이상 반대는 안 하시더라고요. 하지만 지금도 주변 친지들은 제가 뭘

하는 지 제대로 몰라요. 그냥 아이들을 위해서 헌신하는 멋진 일을 하나 보다 하는 거죠.(웃음)

서율 청소년 지도사라고 하면, 교관인 줄 아는 사람들이 진짜 많아요. 수련원 캠프 같은 데서 빨간 모자 쓰고 애들한테 기합이나 주는.(모두 웃음)

물론 그렇다고 해서 모두가 인간극장의 주인공처럼 주위의 반대를 무릅쓰고 묵묵히 자신의 길을 걸어온 경험만 한 것은 아니었다. 특히 '잘 살아보세'라는 구호가 절대적인 선과 미덕으로 여겨지던 산업화와 고도 성장기를 지나고 삶의 질과 행복이라는 가치가 얼마나 중요한 지 깨닫기 시작하는 시대로 접어들면서, 성공이나 출세 같은 세속적인 욕망이 아니라 어떻게 사는 삶이 행복한 삶인가를 기준으로 자신의 미래를 고민하는 청년들을 너그러운 눈으로 바라보는 분위기가 사회 전반적으로 조금씩 형성되고 있는 것이다.

수림 사촌 언니가 저와 같은 학교 같은 과를 나와서 지금도 같은 직종에서 일하고 있어요. 물론 대학에 들어가기 전까지는 저도 사촌 언니가 전공하는 학과가 도대체 뭐하는 곳인지 몰랐지만요.(웃음) 아무튼 사촌 언니 덕에 부모님과 친척들이 청소년 지도사라는 직업과 처우에 대해 어느 정도 알고 있었고, 그래서 제가 이 일을 하고 싶다고 했을 때는 "그래, 네 성격에 딱 맞은 일인 것 같네"라고 적극적으로 응원해주셨어요.

서율 저 역시도 청소년 학과에 들어가고 이 직업을 선택하겠다고 할 때

부모님의 반대는 없었어요. 오히려 서울에 있는 학교에 장학금을 받고 입학한다니 좋아하셨고, 여성으로서 안정적인 직업을 갖고 사회생활을 할 수 있어서 다행이라고 여기셨죠. 그보다는 다른 학과에 다니던 선후배들이 그냥 일반 기업에 취직하는 게 더 낫지 않겠냐고 말리는 경우가 더러 있었는데, 그거야 각자의 직업 선택 기준이 다른 거니까 크게 개의치는 않았어요.

찬혁 작년엔가 한 번은 고등학교 동창들과 술자리를 가진 적이 있어요. 저 빼고는 다들 이름만 대면 알만한 대기업에 다니거나 펀드 매니저로 일하는, 소위 잘 나가는 친구들이었죠. 연봉도 모두 일억이 넘고, 저만 연봉 삼천.(모두 웃음) 그날 제가 술이 좀 얼큰해진 상태에서 신세 한탄 비슷하게 이런 속내를 털어 놨어요. "야, 난 좋은 직장 가지고 풍족하게 사는 너희가 솔직히 부럽다." 그랬더니 다들 정색을 하면서 고개를 가로젓더군요. "임마, 넌 우리가 하지 못하는 경험을 하면서 살잖아. 어른이 돼서도 중고등학생 아이들과 스스럼없이 놀고 어울릴 수 있다는 건 우린 상상도 못 해. 그리고 자기가 좋아하는 일을 직업으로 삼고 살아간다는 게 얼마나 부러운 건지 알아?"하고 말이죠. 그 순간만큼은 지금 제가 하는 이 일을 물질적인 측면이 아닌 다른 기준으로 바라보고, 그 가치를 인정해주는 사람들이 우리 사회에 분명 존재한다는 사실을 확인한 것 같아서 아주 기분 좋았어요.

자, 누군가는 주위의 극렬한(?) 반대를 뚫고, 또 누군가는 기대와 응원 속에 어쨌든 청소년 지도사라는 같은 길을 걷게 됐고, 결국 이렇게 한 울타리 안에서 동료로 같이 일하게 된 거잖아요? 막상 이 일을 해보니까 어떻던가요? 애초 기대했던 것 이상? 혹은 이하?

찬혁 기대했던 것 이상이죠. 왜냐하면 이 직업은 거의 방전되다시피 해서 '아, 도저히 못 하겠다' 싶을 즈음에는 충전을 시켜줘요. 예를 들어 청소년 지도사는 2년에 한 번씩 의무적으로 보수 교육이라는 걸 받는데, 저는 거기서 다시 에너지를 얻고 업(up)이 돼서 돌아오거든요.

나머지 일동 헐~, 보수 교육에서요?

찬혁 하하, 저는 그래요. 보수 교육을 받으러 가면 전국에서 모인 청소년 지도사들을 만날 수 있잖아요? 워낙 관계지향적인 사람들이다 보니, 그 분들과 연수도 받고 친목 활동도 하면서 서로의 애환을 나누다보면 스트레스가 쫘악 풀려요. 물론 주로 하는 얘기들은 성토죠, 성토.(웃음)

수연 맞아요. 가끔 그만두고 싶다는 생각이 안 들었다면 거짓말이겠지만, 아이들이랑 뭔가를 열심히 하다보면 금세 다시 에너지가 충전되는 걸 느껴요. 그게 이 직업의 가장 큰 장점이죠. 또 청소년 지도사들은 아무래도 아이들이랑 있는 시간이 많다 보니까 또래보다 동안이라는 이야기도 많이 듣고요. 다들 그렇지 않나요?(웃음) 엄마가 아이를 보면서 사는 보람을 느끼고 힘을 얻는 것과 똑같은 이치 같아요.

서율 동의해요. 물론 힘든 점도 있죠. 아이들만을 바라보고 일하고 싶은

데, 기관에서는 그 밖의 것들도 요구하는 경우가 많으니까, 이상과 현실이 서로 부딪치기도 하죠. 그래도 나로 인해 누군가가 변화하는 모습을 지켜본다는 건 살면서 정말 특별한 경험이라고 생각해요.

돌아보면 나 역시도 지금의 이 직업을 선택한 것에 대해 후회한 적이 단 한 번도 없고, 지금도 마찬가지다. 오늘날 동시대를 살아가는 사람들 중에서 자신이 하고 있는 일에 대해 먹고살기 위해 어쩔 수 없다는 반응이 아니라 보람과 가치를 이야기할 수 있는 이들이 과연 얼마나 될까? 그런 면에서 청소년 지도사는 어찌 보면 행복한 직업인 셈이고, 그 중심에는 뭐니 뭐니 해도 아이들이라는 존재가 자리하고 있다.

이제 여러분들의 눈이 가장 반짝반짝 해질만한 이야기로 넘어가 보죠. 청소년 지도사로 활동하면서 만난 수많은 아이들 가운데 가장 기억에 남는 청소년이 다들 한 명 쯤은 있지 않나요?

서율 3박 4일 동안 도서 벽지 청소년들을 대상으로 한 독립군 캠프 사업에서 모둠 지도자로 활동할 때였어요. 활동 중에 유독 말이 없는 친구가 하나 있었는데, 처음에는 지도자들이 어떻게든 말도 걸어보고 다른 아이들과 어울리게 해보려고 해도 전혀 입을 열지 않는 거예요. 그러다 이틀이 지나니 조금씩 생각과 느낌을 표현하기 시작했고, 마지막 날엔 단체 레크레이션 댄스까지도 용케 따라오더라고요. 그 후로 담임 선생님이 찾아와 "이 아이가 먼저 말을 꺼내는 모습을 처음 봤어요"하며 눈물까지 흘리면서 고마워하는 거 있죠. 또 다른 친구는 제가 수련원에서 인턴으로 활동할 때 만난 중학교 2학년 아이였어요. 당시 유독 저를 많이 따랐던 그 아이와는 이후에도 간간히 연락만 하면서 지내다가, 어느 날 대학생이 돼서 제가 일하는 수련관에 서포터스 활동을 하겠다고 찾아왔더라고요. 그 아이한테서 저를 통해 청소년 지도사의 꿈을 키웠고, 그래서 지금은 관련 학과에 다니고 있다는 이야기를 들었죠. 그 때는 제가 이 일을 하기를 정말 잘했다는 생각이 들었어요.

수연 졸업 후 청소년 지도사로 첫 발을 내디딘 곳이 청소년 문화의집에서 운영하는 방과 후 교실이었어요. 초등학교 1학년부터 3학년까지 3년 동안 진행되는 과정이었는데, 아이들 중에서 눈에 띌 정도로 예쁘장하게 생긴 남자 아이 하나가 있었거든요. 근데 수업 중에도 자기 마음에 안 드는 게 있으면 소리를 지르고 물건을 집어 던지는 식의 돌발 행동을 너무 많이 하는 거예요. 알고 보니 흔히 ADHD라고 부르는 주의력결핍 과잉행동 장애가 심한 아이였던 거죠. 그 아이 때문에 다른 아이들까지 힘들어하고, 그래서 학부모들도 많이 불편해하니까 저도 너무 힘이 들더군요. 왠지 이 아이 하나 제대로 돌보지 못한다면 앞으로 난 이 일을 더 이상 하면 안 될 것 같은 강박까지 들었고요. 그런데 그 아이는 평소에는 저를 가장 살갑게 대하는 친구이기도 했어요. "선생님, 사랑해요, 고마워요"하는 애정 표현도 스스럼없이 할 정도로 말이예요. 그러다 3학년을 마치고 방과 후 교실을 졸업할 시기가 되자, 헤어지기 싫다고 울면서 매달리기까지 하더군요. 가족들도 모두 저한테 무척이나 고마워했고요. 어떻게 보면 정말 제게는 아픈 손가락 같은 아이였는데, 누구보다 날 힘들게 했지만 그래서 그만큼 더 진심과 애정을 다해 대했던 아이였기에 지금도 가장 기억에 남아요.

웅 저도 방과 후 아카데미에서 스케줄 매니저로 일할 때의 일이었어요. 기초생활수급 대상자나 차상위 계층 자녀, 장애인 부모, 한부모 가정의 아이들이 참여하는 사업을 맡았었는데, 어려운 환경에서 자라다보니 학교에서도 손을 놓아버린 이른바 문제아들이 많았죠. 사실 그런 학생들이 오면 저희도 걱정이 이만저만 아니에요. 그럴수록 더더욱 그 아이들을 잘 돌보고 변화시켜보겠다는 의욕도 강해지고요. 그 중 언니와 동생이 나란히 방과 후 아카데미에 참여하던 자매가 있었는데, 어느 날 저녁에 동생한테서 빨리 집에 좀 와줄 수 없냐고 다급하게 전화가 걸려온 거예요. 그래서 허겁지겁 달려갔더니, 아버지는 술에 취해서 집 앞 도로에 누워서 소리를 지르고 있고, 그 옆에서 자매는 무서워서 울고 있고… 평소에도 술만 먹으면 두 딸에게 난폭한 행동을 하곤 했다더군요. 아버지가 술이 좀 깨길 기다렸다가 두어 시간 정도 대화를 나눈 다음, 겨우 아이들은 인근 고모댁으로 보내는 걸로 당시 상황은 정리를 했죠. 그 후로도 아이들이 집에 들어가기 싫다고 전화를 걸어올 때면 둘을 데리고 공원에서 같이 자전거도 타고 이런저런 이야기도 나누곤 했었는데, 어느 날부턴가 방과 후 프로그램에 발길을 끊더니 결국 안 좋은 일에 휘말려서 쉼터로 들어가게 됐다는 연락을 받았어요. 쉼터로 가기 전 마지막으로 찾아와서 저를 비롯한 선생님들한테 작별 인사를 하는데, 얼마나 눈물이 나던지… 그 후론 전화번호도 바뀌고, 아이들 아버지한테 물어봐도 연락처를 알려주지 않으니 이제는 완전히 연락이 끊겨 버렸는데, 지금도 그 자매를 떠올릴 때면 '내가 좀 더 적극적으로 나서야 했었던 건 아닐까' 하는 죄책감

과 '청소년 지도사로서 내가 할 수 있는 역할이 이거 밖에 안 되는 건가' 하는 자괴감이 밀려오곤 하죠.

찬혁 다들 어느 정도 비슷한 경험들이 있을 거예요. 저도 학교나 집에서 말썽을 일으키던 아이들을 멘토링한 적이 있는데, 그 아이들과 친구처럼 어울리면서 찜질방도 같이 가고 하다 보니 많이 가까워졌죠. 그러다 제가 소속 직장을 옮기면서 자연스레 그 아이들과 연락도 뜸해지고 결국 멀어지게 됐어요. 그 때는 몰랐어요, 그 친구들은 그 후로도 제 연락을 기다리고 저와의 관계를 계속 이어가고 싶어 했다는 걸 말이죠. 그런데 제가 그러지 않으니까 상처를 받고 오히려 저를 미워하기까지 했다는 사실을 나중에야 알게 됐어요. 앞으로도 이 일을 계속 하게 되면 더 많은 아이들을 만나게 될 텐데, 그 아이들 모두와 똑같이 관계를 이어나갈 수는 없는 노릇이잖아요? 그렇다면 아이들에게 사람과의 관계에 대한 좋은 인식을 심어주었다가 결국엔 실망감만 안겨주는 건 아닐까, 고민이 많이 돼요. 하지만 우리가 너희들을 잊은 게 아니라 지금 내 앞에 있는 다른 친구들에게 그 애정을 대신 쏟고 있는 거니까, 부디 섭섭해 하지는 말라고 전해주고 싶네요.

인간이 누군가에게 상처를 받는 건, 자신이 쏟은 것에 비해 돌아오는 애정이 적다고 느낄 때다. 그런 점에서 사람 간의 사랑과 관심은 저울처럼 한쪽으로 기울어질 때가 많다. 특히 한 명이서 수십 명의 아이들을 한꺼번에 상대해야 하는 청소년 지도사는 그 저울의 균형을 맞추기가 여간 어려운 게 아님을 종종 느낀다. 나는 여러 명을 동시에 바라보지만, 아이들은 오직 나 하나만을 바라보는 경우가 많기 때문이다. 그럼에도 우리는 최대한 그 아이들에게 그런 실망감을 안겨주지 않기 위해 오늘도 나의 애정을 잘게 쪼개고 또 쪼개 그들에게 되돌려 주고자 애를 쓴다. 허나 직업인으로서 우리는 마냥 아이들에게만 내 모든 시간과 정성을 쏟을 수 없는 현실의 한계 앞에서 고민하고 또 고민한다.

수연 어떤 직업이나 그렇듯, 이상과 현실 사이에는 분명히 간극이 존재해요. 우리는 청소년 사업을 기획하고 지도하는 사람으로서 아이들과 좀 더 많은 이야기를 나누고 그들의 생각을 반영한 사업을 만들어내려고 하는데, 현장에 있지 않은 이른바 윗분들의 판단 기준은 다른 경우가 종종 있어요. 비록 단기적인 성과 측면에서는 보잘 것 없어도 장기적으로 볼 때는 이 사업을 통해 아이들이 즐겁게 뛰어 놀 수 있는 기회를 제공하고 뭔가 하나라도 얻어갈 수 있다면, 우리는 그 사업이 큰 의미가 있다고 봐요. 하지만 밖에서는 '참여도 많지 않고, 그저 아이들하고 놀기만 하는 게 무슨 의미가 있어?'하고 생각하는 식인 거죠.

수림 서울시만 보더라도 다양한 청소년 수련 시설들이 있다 보니까 각 시설에 대한 평가를 해요. 물론 여성가족부와 자치구 차원에서도 각자의 기준에 따라 평가가 이뤄지죠. 그러다 보니 사업을 기획할 때도 아이들에게 도움이 되고 반응도 좋겠다는 판단에만 초점을 맞추기보다 상부 기관으로부터 좋은 평가를 받을 수 있느냐의 여부까지 신경 쓰지 않을 수가 없어요. 솔직히 누가 최우선이고 누구를 위한 사업인가 하는 회의가 들 때도 있죠.

찬혁 평가를 받아야한다는 것 자체를 부정하지는 않아요. 그게 오히려 우리가 하는 활동을 객관적으로 되돌아볼 수 있는 계기가 될 수 있으니까요. 하지만 아무래도 평가 지표라는 게 참가 인원이나 횟수, 언론 노출 여부 같이 양적인 측면을 기준으로 하는 경우가 많다보니까, 장기적으로 아이들을 꾸준히 접촉하는 사업보다는 단기간에 많은 청소년들이 참여할 수 있는 일회성 사업에 무게 중심이 쏠릴 수밖에 없죠. 물론 축제나 토론회 같이 일회성이라도 의미가 있는 사업들도 있죠. 핵심은 항상 아이들과 함께 호흡하는 우리 청소년 지도사들이 판단하기에 당장 성과가 겉으로 드러나지 않더라도 '이건 아이들에게 꼭 필요한 활동이야'라고 생각하는 부분들이 좀 더 현실에 잘 반영될 수 있는 구조였으면 한다는 거예요.

서울 청소년들과 함께 하는 활동들은 주로 주말에 이뤄져요. 그런데 그 이틀을 위해서 평일에는 지난주 했던 사업을 보고하고 평가받고, 또 이번 주말에 할 프로그램을 기획하고 예산을 짠 다음에 결재를 받은 뒤 물품을 골라서 견적서를 받는다든지 하는 행정 업무에 집중해야 해요. 그러다보니 단순히 시간으로만 계산해보면 아이들 얼굴 보는 시간보다 컴퓨터 모니터를 들여다보는 시간이 훨씬 많죠. 그래서 신입들은 처음 일을 시작할 때 아이들과 만나는 일보다 행정 업무가 차지하는 비중이 높아서 당황하는 경우가 많아요.

웅 오히려 저는 그래서 첫 직장에서 이곳으로 옮겨올 때 일부러 업무지원 팀을 자원했어요. 누구보다 아이들과 함께 어울리는 걸 좋아하고 그게 이 직업을 선택한 이유이지만, 앞으로 나이가 들어갈수록 아이들에게 친근하게 다가가고 그들과 공감하는 게 결국 힘들어지는 순간이 오지 않겠어요? 그래서 어차피 아이들과 직접적으로 호흡하는 시간에 한계가 있다면, 행정을 배우고 기관이 어떻게 운영되는지 그 전체적인 그림을 들여다보는 것도 결국은 아이들을 위한 일이 아닐까 생각한 거죠. 그럼에도 명색이 청소년 지도사인데, 아이들하고 떨어져서 매일 계산기 두들기고 서류 만드는 일만 주로 한다는 게 과연 잘한 선택인지는 모르겠네요.

이 대목에서 순간 궁금증이 일었다. 앞서 스스로는 이 직업을 선택한 것에 만족한다고 입을 모았지만, 만약 지난주에 만난 아이들 중 누군가가 몇 년 뒤 불쑥 찾아와 "선생님, 저도 청소년 지도사가 되고 싶어요"라고 한다면? 이 자리에 있는 우리들은 환하게 웃으며 반기는 쪽일까, 아니면 "음, 생각은 기특하지만 말이야…"라고 말끝을 흐리는 쪽일까. 다들 대답은 한결 같았다.

서율 당연히 응원하죠. 사회적으로 출산율이 낮아지다 보니 청소년의 숫자도 줄어들고, 그만큼 관련 시설의 수도 줄어드는 건 어쩔 수 없는 현실이에요. 하지만 그렇다고 해서 청소년들의 고민을 함께하고 그들 각자가 가진 잠재력과 창의력을 끌어올리는 역할의 중요성까지 줄어드는 건 아니죠. 앞서 말한 것처럼 이 일에도 분명히 명암이 존재하지만, 십대 시절 자신이 했던 경험과 고민을 어른이 돼서 후배들에게 들려주고 싶고 그들에게 작으나마 도움이 되는 삶을 살아보고픈 친구라면 충분히 청소년 지도사는 매력적인 직업이라고 생각해요.

웅 저도 물론 응원하고요, 그럼에도 사회적으로 이 직업에 대한 이해와 인식이 더 넓고 깊어질 필요는 있어요. 우리가 하는 일들이 기본적으로 부모의 동의를 필요로 하는 일들이 많고, 아이들이 문제 행동을 보일 때 청소년 지도사들이 적극적으로 개입하려면 먼저 어른들이 우리의 역할을 인정하고 이해해줘야 하거든요.

수림 흔히 청소년을 마냥 미성숙하거나 도움이 필요한 대상, 혹은 문제로만 인식하는 경향이 있는데, 우리는 그렇게 보지 않아요. 청소년 지도사라는 직업을 이해하려면, 먼저 청소년에 대한 그런 편향된 시선부터 바뀔 필요가 있어요.

서율 처우도 분명히 개선돼야 할 부분이에요. 같은 사회 복지 계열이지만, 사회 복지사보다 청소년 지도사에 대한 처우가 더 열악하거든요. 정부 관료나 일선 교사, 학부모들은 우리가 일탈을 저지른 학생들만 상대하는 걸로 잘못 인식하고 전문성을 제대로 인정해주지 않는 모습들도 많아요. 보통의 청소년들도 상담이나 프로그램에 참여하면 얻을 수 있는 것들이 정말 많은데 그걸 모르는 거죠. 그러다보니 정부나 지자체 지원금이 점점 줄어드는 추세인 거예요. 이런저런 규제나 절차도 까다로워지고.

수연 그게 다 청소년에게 투표권이 없기 때문인 탓도 있어요. 어찌 보면 사회 복지사가 우리와 하는 일이 비슷한데도 처우는 더 좋을 수밖에 없는 게, 그 분들이 대상으로 하는 노인이나 장애인, 저소득층들은 그래도 투표권이 있잖아요. 처우 때문에 사회 복지사들이 일을 그만둔다든지 그 수가 부족해지면, 그들로부터 혜택을 받는 당사자들이 투표로 불만을 표하고 시정을 요구할 수 있겠죠. 하지만 지금 청소년들은 그런 정치적인 수단조차 없잖아요? 청소년 관련 부처가 계속 바뀌는 것도 마찬가지예요. 지금은 여성가족부 소관이지만, 그 전에도 계속 바뀌었어요. 소관이 자주 바뀐다는 건, 그만큼 관심이 없다는 뜻 아닐까요? 그러다보니 우리는 사회 복지에 속하는 것도 아니고 교육청에 속하는 것도 아니고 여성가족부에 속하는 것도 아니고, 애매한 위치에 머무는 거죠.

이렇게 대화를 계속 이어가다보니, 어느새 시계 바늘이 세 시간을 훌쩍 넘기고 있었다. 이제 이 즈음에서 이야기를 마무리하고, 각자의 업무로 되돌아가야 할 시간이다. 내일이면 다시 이곳을 "선생니임~"하는 재잘거림으로 가득 채울 아이들을 맞이할 준비를 서둘러야 하니까. 마지막으로 청소년 지도사라는 우리의 직업을 한 마디로 정의해달라는 부탁을 던져 보았다.

수림 동행이요. 누구나 거쳐야할 청소년 시기를 혼자 헤쳐 가는 건 불가능하잖아요. 그들이 어떤 선택을 하든 항상 옆에서 응원하고 같이 걸어가 주는 사람이 아닐까 해요.

수연 단어 자체는 얼핏 부정적으로 들릴 수 있겠지만, 저는 어둠 혹은 검은색이라고 하고 싶어요. 청소년들은 각자가 다 자기만의 색깔을 가지고 있어요. 그런데 주위가 하얗거나 밝으면 그 색이 잘 드러나지 않거든요. 대신 우리가 어둡고 검은 배경이 되어 줌으로써 그들이 가진 색깔이 더 선명하고 밝게 드러날 수 있다고 믿어요!

7장

어느 청소년 지도사의 퇴근길 상념

—

지친 몸을 이끌고 집으로 돌아가는 퇴근길, 여느 때와 다를 것 없는 거리에서 습관처럼 하늘을 올려다보는 순간 나도 모르게 외마디 탄식이 터져나온다. "아, 날씨 참 무심하게도 좋다…."

이렇게 왠지 마음이 복잡하고 힘든 날이면, 가족부터 친구, 연인에 이르기까지 수많은 얼굴들이 머릿속을 스쳐가곤 한다. 허나 그 중에서도 꼭 빠지지 않고 등장하는 얼굴을 꼽자면, 바로 지난날의 나를 오늘의 이 길로 이끌어준, 그리고 앞으로도 계속 이 길을 걷게 해줄 고마운 아이들의 얼굴이 아닐까 한다. 되돌아보면 대학교 때 우연히 시작한 청소년 수련관에서의 봉사 활동에서부터 청소년 지도사로 진로를 정하고 지금에 이르기까지 셀 수 없을 정도로 많은 아이들을 만나고 또 겪어왔다. 그 중 어느 하나 소중하지 않은 아이들이 없겠지만, 오늘 같은 날이면 유독 그립고 생각이 나는 아이들이 있다. 아무 것도 모른 채 열정만 가지고 맨 땅에 헤딩하던 대학생의 나에게 처음으로 청소년 지도사의 꿈을 꾸게 해준 문화탐사학교의 아이들, 당시엔 정말 머리를 한 대 쥐어박고 싶을 정도로 나를 지독히도 애먹이던 예찬이, 문화제 때 걸핏하면 돌아가며 연습을 빼먹는 통에 마지막까지 내 심장을 들었다 놨다 하다가 본 무대를 훌륭히 마치고는 서로 부둥켜 울던 익산 수련관의 댄스 동아리 아이들까지. 청소년 지도사라는 명찰을 달고 청소년 수련관에 정식으로 출근한 지 불과 반년도 되지 않은 몇 년 전 어느 겨울날, 한 시간에 한 대 밖에 오지 않는 버스에 훌쩍 몸을 싣고 저 머나먼 전라북도 익산의 웅포라는 작은 마을까지 나의 발걸음을 잡아끈 아이들도 그들 중 일부였다.

그 아이들을 처음으로 만난 건 무더위가 절정에 달했던 2011년 여름방학 때의 일이었다. 당시 '귀향 멘토링'이라는 이름 아래 학업 지원과 문화체험 등을 통해 시골 초등학교 아이들의 정서적인 성장을 돕는 사업을 진행했었는데, 대학생 자원 봉사자로 참여한 나는 남들 앞에서 내가 살아온 삶과 경험을 이야기하고 진심을 전달한다는 게 그렇게 어색하고 부담스러울 수가 없었다. 그러나 마냥 서툴고 쭈뼛대기만 하던 나 같은 풋내기를 아이들은 언제나 웃는 얼굴로 지켜보고 따라주었고, 내가 기울인 작은 관심 하나에도 과분할 정도의 고마운 반응으로 되돌려 주었다. 그리고 그런 모습을 지켜보면 볼수록 나의 미안함은 점점 커져만 갔다. 왜 나는 이런 이야기밖에 해줄 게 없는 걸까, 나는 왜 이토록 애정을 표현하는 데 서툰 걸까. 바로 그것이 첫 출발점이었다. 그 길로 매 주말이면 청소년들과 함께하는 캠프란 캠프는 죄다 쫓아다녔고, 부족한 전문 지식을 채우기 위해 그전까지 국문학이던 주 전공을 과감히 청소년학으로 바꾸기까지 했다. 그것이 나를 믿고 따라준 아이들에 대한 최소한의 보답이자, 옳다고 믿어온 삶의 가치를 실현하는 나만의 방식이라 생각했다. 비록 몸은 멀리 떨어져 있어도, 나의 성장의 나이테가 더 굵고 진해질수록 그 아이들도 더 튼튼하고 바르게 성장해 언젠가는 이 사회를 그들 특유의 활기와 건강함으로 푸르게 뒤덮을 날이 올 거라 믿었다.

물론 그 사이에도 나와 웅포 마을 아이들의 인연은 꾸준히 이어졌다. 언젠가는 아이들이 다니던 학교에서 문화제를 연다는 소식을 듣고 미리 연락도 없이 피자를 사서 불쑥 찾아간 적도 있었다. 그런 나에게 아이들은 이미 지나버린 나의 생일을 기억하며 깜짝 케이크와 선물로 똑같이 되갚아 주었다. 아니, 내가 그들에게 준 거에 비하면 몇 배나 더 큰 보답인 셈이었다. 이제는 몸도 마음도 훌쩍 커버려 어느덧 인생에서 가장 중요한 시기 중 하나인 고등학교 3학년생으로 막 수능이라는 힘든 문턱을 넘은 옛 웅포 초등학교의 차해, 은혜, 하은, 지수, 우림, 선위. 아무래도 오늘 밤엔 오랜만에 아이들에게 편지를 쓰다 잠자리에 들어야겠다. 이번 주말 웅포행 버스 시간표도 알아보고 말이다.

글로마나 전하고픈 이야기

사실 청소년 동아리나 운영위원회처럼 꾸준히 교류가 이어지는 활동 이외에 어떤 한 프로그램이 끝난 뒤 우리 청소년 지도사들이 그 프로그램에 참여한 아이들과 지속적으로 관계를 유지한다는 건 말처럼 그리 쉬운 일이 아니다. 바쁜 일상도 일상이거니와, 경력이 쌓여갈수록 그간 만나온 아이들의 수는 그 몇 배로 불어나 이름조차 일일이 기억하기 어렵기 때문이다. 게다가 우리가 아이들에게 연락하는 것에 대해 더러 오해하거나 부담스러워하는 부모들도 있다. 실제로 그로 인해 동료 지도사가 곤욕을 치르는 걸 곁에서 직접 목격한 적도 있다. 모두가 내 마음 같진 않아 이래저래 상처를 주고받기 쉬운 세상이다.

그럼에도 아이들과의 만남은 언제나 내게 강한 울림과 책임감을 동시에 안겨 준다. 그들의 환한 웃음, 가슴 깊은 곳에서 지하수처럼 솟구쳐 나오는 불만과 고민, 미래에 대한 막연한 불안은 여전히 풀지 못한 실타래처럼 마음 한 구석에 짐으로 남아 있다. 그래서 직업상 그들의 이야기에 귀 기울여야 하고 또 그래왔다고 자부하는 한 사람으로서 아이들이 가장 답답해하는 부분을 기성세대와 사회에 전달하는 것도 응당 우리 청소년 지도사들이 해야 할 몫이 아닐까 하는 생각에서 이 지면에 부족하나마 조금 담아 보았다. 그리고 그동안 어색함과 부족한 말 주변으로 인해 미처 아이들에게 전하지 못했던 이야기들도 그 뒤에 덧붙여본다.

나는 좋은 학생인가요? 아니면 나쁜 학생인가요?

청소년들에게 지식을 전달하는 사람들. 흔히 말하는 교육자들은 청소년에게 문제에 대한 해답을 알려주기 보다는 '해답을 찾아가는 방법'에 대한 교육이 필요하다고 말한다. 마찬가지로 우리 청소년 지도사들도 자율성을 가진 주체로서 청소년이 자립할 수 있도록 지원하는 것을 최우선 가치로 두고 활동한다. 지극히 당연하고 올바른 태도다. 그러나 그 이전에 선행되어야할 전제가 한 가지 있다. 바로 청소년들에게 자신이 얼마나 소중한 존재인지, 충분히 존중받고 사랑받을 자격이 있는 하나의 인격적인 주체라는 사실을 끊임없이 일깨워주는 것이다.

그러나 우리 어른들은 아이들을 나무라고 가르치는 데에만 익숙한 경우가 많다. 기본적으로 청소년이 어른에 비해 부족하고 미성숙한 존재이기에 언제든 나쁜 길로 빠져들 수 있다는 전제 하에 그들의 좋은 점보다는 나쁜 점을 굳이 들춰서 그걸 바로잡고 훈육하는 걸 어른의 책임으로 여기는 경우가 흔하다. "좋은 학생이 되기 위해 노력해야 돼. 나쁜 아이들과는 절대 어울리지 마"하는 식으로 말이다.

그렇다면 '좋은 학생'과 '나쁜 학생'은 과연 누구를 말하는 걸까? 단순히 기성세대의 말에 반기를 들지 않고 그저 인형처럼 고분고분히 따르는 것이 좋은 청소년의 모습일까? 사회가 정해놓은 규범과 전형적인 청소년 상에서 벗어난 아이들은 오늘 이러이러한 잘못을 저질렀으니 내일도 여전히 그렇게 행동할 게 뻔한 구제불능의 나쁜 청소년일 뿐인 걸까? 그렇지 않다. 우리가 청소년을 사회의 미래라고 하는 이유는 단순히 나이 때문에나 그들이 산업 예비군으로서 고령화 사회를 떠받칠 미래 노동력이어서가 아니다. 그건 그들이 지금 우리 눈앞에 비친 모습이 전부가 아닌, 앞으로 무궁무진한 변화의 가능성을 가진 존재이기 때문이다. 그럼에도 우리 기성세대들은 자기만의 잣대로 아이들을 좋은 청소년과 나쁜 청소년의 이분법으로 갈라놓는 어리석음을 너무나도 태연하게 저지르곤 한다.

예전에 대학생 시절 교육 심리학 수업에서 배운 용어 중에 '피그말리온 효과'라는 게 있다. 타인이 꾸준히 긍정적인 기대나 관심을 보여주면 인간은 그에 부응하는 쪽으로 노력해 좋은 결과를 나타낸다는 내용이었다. 이는 실제 실험으로도 입증된 내용이라고 한다. 미국의 어느 대학 교수가 한 초등학교에서 전교생을 대상으로 IQ검사를 한 뒤 실제 결과와 상관없이 일부 학생들에게 "너는 지적 능력이 정말 뛰어난 아이야"라고 했더니, 실제로 그 학생들의 성적이 크게 향상됐다는 것이다. 그와 정반대로 '낙인 효과'라는 개념도 있다. 남에게서 부정적으로 평가받으면 자기도 모르게 그런 방향으로 행동하게 된다는 것이다.

우리가 별다른 문제의식 없이 아이들을 '좋은 학생'과 '나쁜 학생'으로 구분 짓는 행동도 바로 그런 것이다. 어른들의 잣대로 재어보았을 때 다소 부족하다고, 어른들이 그어놓은 금을 잠깐 넘어갔다고 '나쁜 학생' 취급하는 것은 그들의 자존감을 떨어뜨려 미래의 변화 가능성까지 지워버리는 잘못된 태도다. 어른들의 눈에 예뻐 보이는 '좋은 학생'들에게 그런 '나쁜 아이들'과 어울리지 말라고 하는 것은 미리부터 차별을 학습시키는 것과 마찬가지이다.

'잘 하는 것'과 '하고 싶은 것'

청소년기에 하는 고민 중에서 절대 빼놓을 수 없는 주제는 뭐니 뭐니 해도 진로일 것이다. 마치 오랜만에 만나는 친구끼리 "잘 지냈어?"하고 안부 인사를 건네듯, 어른들은 으레 아이들에게 "넌 커서 뭐가 될 거니?"라는 물음을 습관처럼 던지곤 한다. 그러나 굳이 묻지 않아도 청소년들은 과연 내가 무엇을 하고 싶고 장차 어떤 길을 택할 지를 수없이 고민하고 또 고민한다. 내 삶은 그 무엇보다 소중하니까, 누구도 나를 대신해 살아줄 수는 없으니까.

그러나 그 전에 한번 곰곰이 생각해보자. 과연 진로라는 건 무엇일까? 그건 말 그대로 '앞으로 나아갈 길'을 의미한다. 그리고 각자 걸어가는 길은 다를 수 있어도 틀린 길이란 없다. 삶이라는 긴 여정에서 '인간이라면 꼭 이러이러한 길을 걸어야 돼'라는 정해진 답은 존재하지 않으며, 숱한 시행착오 속에서 자신에게 가장 적합하고 행복하게 살 수 있다고 믿는 길을 찾아 조금씩 앞으로 나아갈 뿐이다. 사막에서 오아시스를 찾아가는 과정에는 수백 수천만 개의 길이 존재하듯이 말이다. 같은 맥락에서 볼 때, 흔히 말하는 '명문대'나 '최고의 직업'과 같은 것들은 우리 삶의 궁극적인 목표나 목적지가 될 수 없다. 그것들은 우리가 나아갈 길, 즉 진로에 있어서 거쳐가거나 선택한 하나의 방편일 뿐이다. 따라서 우리가 청소년들에게 던져줘야 할 과제는 "어떤 수를 써서라도 반드시 저 길을 가야해"가 아니라 "네가 원하는 목적지에 다다르기 위해 어떤 길을 택할 지를 스스로 선택해보라"는 것이어야 한다.

그리고 그 길을 선택하기 위해서는 '내가 잘 하는 것'과 '하고 싶은 것'이 무엇인지를 정확히 구분하고 파악하는 것이 먼저라는 점을 일러주는 것도 필요하다. 물론 이렇게 이야기하면, 흔히 어른들은 일단 잘 할 수 있는 일을 먼저 선택해 그것으로 삶의 안정을 취한 후, 나중에 여유가 되면 하고 싶은 일을 하라고 덧붙이는 경우가 많다. 그게 인생을 살아본 사람의 지혜라고, 세상의 현실이라고 말이다. 그러나 나는 그렇게 말하고 싶지 않다. 오히려 내가 '잘 하는 것'을 위해 '하고 싶은 일'을 포기하지는 말라고 당부하고 싶은 것이다. 예를 들어 내가 공부를 잘 한다고 해서 축구 선수나 힙합 뮤지션이 되고 싶은 꿈을 접어야 한다면 그 사람의 삶은 과연 행복할 수 있을까? 물론 4,50대에 축구나 힙합을 하지 말라는 법은 없지만, 그래도 내가 하고 싶은 일을 마음껏 펼쳐볼 수 있는 것도 다 때가 있는 법이다. 미래의 막연한 행복과 안정을 위해 지금 이 순간의 꿈과 욕망을 억누르고 유보하지는 말자는 것이다. 게다가 하고 싶지 않은데도 단지 잘하는 일이라서 선택한 일이 얼마나 오랫동안 지속가능할까? 따라서 진로를 고민하는 청소년들에게 가장 중요한 과제는 자기에게 주어진 삶의 이유, 즉 가슴 속에서 들려오는 소명을 찾아가는 과정을 통해 스스로를 파악하고 이해하는 것이다.

여기서 잠깐, 다음의 구절을 보자.

"꿈이나 이상이라며 밖에서 기성세대의 관점으로 강압하지 않았으면 좋겠다. 부모, 교사, 목사, 스님, 신부 등 누구든지 청소년들에게 강단에서나 그 어디에서건 자신이 본 것이 모두 옳은 것처럼 강압하여 지시하지 않았으면 좋겠다. 소명은 외부의 어떤 이에게 받는 것이 아니다. 이미 우리 가슴 안에 있다."*

* 정건희. 『청소년 자치이야기』. 2015. 푸른복지. p67-70

실제로 세상에는 자신의 기준에서 청소년들을 훈계하고 가르치려고만 드는 사람들이 있다. 청소년들을 마냥 미숙한 존재로만 바라보고, 자신의 정의와 굴레에 끼워 맞추려는 사람들 말이다. 그리고 요즘엔 그런 이들을 가리켜 속칭 '꼰대'라 부르곤 한다. 이는 꼭 나이의 많고 적음에 따라 구분되지는 않는다. 다름을 이해하지 못하고 쌍방이 아닌 일방소통을 선호하면 그게 꼰대다. 그런 사람들은 자녀나 제자, 친지인 청소년에게 무조건 안정된 삶만이 최고의 가치인양 강요하기도 한다. "그래도 직업 중에서는 공무원이 제일 낫지. 정년까지 잘릴 일도 없지, 은퇴 후에는 연금 팍팍 나오지. 안 그래?"하는 식인 거다. 그러나 그것이 무수한 선택 가운데 하나일 수는 있어도 반드시 정답인 건 아니다. 그러므로 우리는 청소년 스스로가 충분히 고민하고 생각할 수 있도록 믿고 지켜봐줄 필요가 있다. "넌 하고 싶은 게 뭐니? 네 안의 소리에 귀기울이다보면 언젠가는 그걸 찾을 수 있을 거야. 너무 조급해하지는 마." 이게 우리가 그들에게 할 수 있는 최선인 것이다. 아이들이 기성세대인 우리에게 바라는 건 바로 그렇게 믿고 기다려줄 줄 아는 모습, 그것일 것이다.

성공은 성적순이 아니잖아요

"학교 공부가 중요하지 그런 게 중요해?!"

이는 청소년 활동을 열심히 하는 친구들이 가장 흔하게 듣는 말 중 하나다. 이 사회에서 학창시절 청소년의 존재 이유는 어떻게든 학교 성적을 끌어올리는 것이라 해도 과언이 아니다. 아무리 세월이 흘러도 예나 지금이나 변함없는 이런 현실을 볼 때면, 현장에 있는 청소년 지도사로서 씁쓸하지 않을 수 없다. 아이들에게 "삶의 가치는 책상 앞에 있는 것이 아니야. 저 창 밖의 세상에 더 귀한 가치들이 있어!' 라고 말을 하곤 하지만, 한국 사회의 현실 속에서는 공허한 메아리처럼 들리기 십상이란 걸 누구보다 뼈저리게 느끼기 때문이다. 청소년 활동에서 가장 강조하는 부분이 다름 아닌 '주체성'과 '자발성'이기에, 아이들을 수동적인 공부 기계로 내모는 현실에 대한 스스로의 답을 찾지 못한다면 청소년 지도사로서 앞으로의 활동도 항상 거대한 벽 앞에 가로막혀 있는 듯한 느낌을 떨치지 못할 것 같다.

그럼에도 지금 이 순간 분명히 말할 수 있는 것 중 하나는, 앞서의 저 말에는 과거에도 그렇고 앞으로도 절대 동의할 수 없다는 사실이다. 오래 전인 1986년 1월 15일 새벽, 어느 한 고등학생이 "행복은 성적순이 아니잖아요!"라는 외침을 세상에 남기고는 스스로 소중한 생명의 불씨를 꺼버린 사건이 있었다. 그 뒤로도 현실은 전혀 나아지지 않아, 30여년이 지난 오늘날에도 청소년 백 명당 12명이 학업 성적을 이유로 한번쯤 자살을 생각한다고 한다.* 누구나 마찬가지 심정이겠지만, 일상적으로 청소년들을 마주 대하는 사람으로서 특히나 그런 뉴스나 이야기를 들을 때마다 안타까움을 억누를 수 없다. 물론 공부를 잘할수록 세속적인 성공에 더 가까워지기 때문에, 혹은 좋은 성적을 받았다는 그 사실 자체만으로도 성취감을 느낄 수 있어서 등의 이유로 성적을 중시하고 거기에 매달릴 수는 있다. 그러나 공부에는 도통 관심이 없지만 자신의 소명과 가치를 찾아 자기 나름의 성취를 이룬 사람들도 세상에는 얼마든지 많다. 각자가 인생에서 중요시하는

* 『2018 자살예방백서』, 보건복지부/ 중앙자살예방센터 공동발간

가치관에 따라 살며 거기에 충실하면 되는 것이지, 꼭 세속적인 지위의 높고 낮음이나 금전의 많고 적음을 유일한 기준으로 두고 “그걸 이루기 위해서는 학창 시절에 무조건 공부를 잘해야 해”하는 사고방식을 모두에게 강요하는 건 또 다른 폭력일 뿐이다.

그에 비해 어떤 한 친구가 있었다. 중학교 때까지만 해도 부모님과 선생님의 말씀을 따라야할 법이자 진리라 생각하고, 오로지 학교와 집밖에 몰랐던 친구였다. 당연히 고등학교도 부모님의 뜻에 따라 특성화 고등학교로 가게 되었다. 청소년 자치 활동을 시작하게 된 계기 역시도 흔히 말하는 ‘스펙 쌓기’의 목적이 가장 컸다. 그러던 중 우연히 알게 된 청소년 참여위원회 활동이 그의 흥미를 자극하였고, 난생 처음 자기가 좋아서 자발적으로 하는 일의 기쁨을 조금씩 익혀가기 시작했다. 한 번은 누가 시키지 않았는데도 친구들과 스스로 머리를 맞대 동네의 청소년 위험 시설들을 일일이 확인하고 사진을 찍어 지자체에 시정을 건의했고, 구청에서는 실제로 그걸 행정에 반영하고 구민 소식지에 인터뷰까지 실은 적도 있었다. 사실 이 정도만으로도 충분히 장하다고 칭찬해줄 법한데, 이 친구는 활동을 통해 체득된 경험들을 자신의 삶에 녹여서 보다 주체적으로 삶을 설계하고 디자인할 수 있는 수준까지 이르게 되었다. 대학생이 된 지금은 남들이 배낭여행을 다닐 때 자비를 들여 해외 봉사 활동을 다니느라 여념이 없다고 하니 말이다.

세상 모든 일에는 다 목적이 있는 법이다. 목적이 없는 일은 죽은 일과 같고, 그것은 가치가 없는 일이기도 하다. 세간의 시선을 기준으로 남들이 모두 부러워할 만한 의사가 된 A와 B라는 사람이 있다고 가정해보자. A는 사람들의 아픔을 가슴으로 공감하며 진심으로 그들을 치료해서 희망을 주고자 하는 마음에 열심히 공부해서 의사가 되었고, B라는 사람은 단순히 학교 성적이 좋아 부모님의 기대와 주변의 시선에 따라 좋은 학교를 나와서 의사가 되었다. B는 주변에서 자신을 부러워하며 성공했다고 말하니 으쓱하고 기쁘지만, 일이 즐겁냐고 물었을 때는 사실 잘 모르겠다는 생각이 앞선다. 제3자의 입장에서 봤을 땐 A와 B가 모두 성공했다고 생각할 수도 있겠지만, 실제로는 A와는 다르게 B는 목적이 결여된 상태라고 할 수 있다. 가치전도*이다.

자신이 가치를 두고 목표로 하는 일에 전문성을 갖추기 위해서는 분명 배움이 필요하다. 하지만 그것 자체만으로 목적이 될 수는 없다는 것을 알아야 하고, 성공이라는 것은 가치가 있는 곳에 존재함을 꼭 기억하길 바란다.

희망은 언제나 있다

희망이라는 단어는 듣는 것만으로도 우리에게 말로는 형용하기 어려운 벅찬 감동을 선사한다. 그리고 희망은 앞으로 어떤 일이 벌어질 가능성이기도 하다. 백조는 당연히 희다고 생각해왔던 사람들의 눈앞에 검은 백조가 나타남으로써 '블랙 스완'이란 말이 생겨났듯이, 과거에는 전혀 가능성 없게 느껴졌던 일들이 오늘날 실제로 눈앞에 펼쳐지는 세상에 우리는

* 가치의 순서나 위치를 바꾸어 거꾸로 하는 것. 가치의 순서나 위치를 바꾼다는 것은 목적적 가치를 지닌 것을 수단시하고, 수단적 가치를 지닌 것을 목적으로 삼는 것을 뜻한다. 여기서 목적적 가치는 인간의 존엄성이나 정신적인 가치를 의미하며, 수단적 가치는 물질, 명예, 권력 등이 대표적이다.

살고 있다. 인공지능이 천재 바둑기사를 이기고, 자동차가 혼자서 거리를 주행하는 것처럼 말이다. 그렇게 봤을 때 우리네 삶에도 아무리 미약하나마 희망은 언제나 존재하기 마련이다. 그러나 안타깝게도 그 가능성의 끈을 놓지 않고 꾸준히 모색해가는 사람들은 현실에서 그리 많지 않다. 희망이란 단어를 아예 입에 올리기조차 힘든 환경 때문이거나, 당장 눈앞의 현실 밖에 바라보지 못하는 인식의 한계 같은 여러 이유들로 인해서 말이다.

양궁으로 예를 들어보자. 우리의 수중에는 화살이라는 여러 가지 미래와 가능성(혹은 가치)이 주어져있다. 이러한 미래를 화살 삼아 활시위에 당겨 쏜다고 하면(선택), 우리 손아귀에서 벗어난 미래는 그 과정으로 현재가 되고, 과녁에 박힌 후에는 과거가 되어버린다고 할 수 있다. 현재는 날아가는 화살처럼 쏜살같이 지나가고, 과거는 박힌 그 자리에 그대로 남아 변하지 않는다. 그리고 당신은 저기 저 먼 곳에 박혀버린 화살이 마음에 들지 않는다고 손아귀에 쥐고 있는 수많은 화살이라는 미래의 가능성을 버리려는 어리석은 과오를 범하고 있는 지도 모른다.

희망은 바로 그런 것이다. 추상적이고 막연한 허상이 아닌 자신이 가지고 있는 가능성들의 집합이다. 지금 자신의 상황이 좋지 않고 절망스러운가? 공부와 성적에 파묻혀 주변을 돌아보기가 어려운가? 절망할 필요도, 어려워서 무너질 필요도 없다. 희망과 가능성은 누구에게나 있고, 언제 어디에나 존재한다. 어려움 속에서도 자신의 삶의 이유를 찾는다면, 보이지 않는다고 느끼던 가능성이 어느새 여러분 앞에 성큼 다가와 있음을 발견할 수 있을 것이다.

청소년 수련 시설에 근무하면 정말 다양한 청소년들을 만날 수 있다. 일상 속에서 오가면서도 만나고 활동을 하면서도 만난다. 살아오면서 한 번도 어른들 말을 거스른 적 없는 범생이, 소년원을 아무렇지 않게 드나들고 툭하면 학교폭력위원회에 불려가는 친구, 항상 웃는 얼굴로 열심히 활동에 참여하는 친구, 청소년 시설에서 보란 듯이 술을 마시는 친구 등등 정말 다양하다. 그 가운데 학교나 동네에서 이른바 문제아로 낙인찍힌 친구들 중에서는 처음엔 사사건건 삐딱하게 굴다가도 나의 조그마한 관심과 격려에 쭈뼛대며 조금씩 다가오는가 싶더니, 어느 순간 자연스레 마음을 여는 아이들도 드물지 않다. 그리고 일단 둘 사이를 가로막고 있던 경계의 벽이 허물어지면, 마치 이런 이야기를 털어놓을 수 있는 날을 기다렸다는 듯 깊은 속내를 들여다보이곤 한다.

이는 소위 말하는 '일반' 청소년에 해당하는 아이들도 예외는 아니다. 아이들 각자가 가슴 속에 꾹꾹 눌러 담아 온 이야기들에 가만히 귀기울여보노라면, 그 사연 하나하나가 전혀 '일반적'으로 들리지 않고, 정말 애틋한 마음에 손이라도 꼬옥 잡아주고 싶게 만드는 경우가 한두 번이 아니다.

한 번은 여느 때처럼 사무실에서 업무에 눈코 뜰 새 없던 어느 날이었다. 평소 활동에 성실하게 참여하던 한 친구가 사무실에 잠깐 들렀는데, 표정이 영 안 좋았다. 이유를 물었더니 부모님과 사이가 심각하게 틀어졌다고 했다. 고등학교 진학 문제를 놓고 대화를 나누다가 고민 끝에 자신의 성적

지향에 대해서도 털어놓았다는 것이다. 예상대로 부모님은 불같이 화를 내셨고, 그 이후로는 아예 대화 자체가 끊겨 버렸다. 그 친구는 "너도 나도 게이니 레즈비언이니 하는데, 요즘은 그런 성적 취향도 유행이니?"하고 경멸하듯 내뱉는 부모님의 태도에 큰 상처를 받은 듯 했다. 애초부터 지지와 격려 따위는 바라지도 않았지만, 죽을 것 같이 힘들었던 오랜 갈등과 번민의 시간들을 조금이라도 이해해주려는 시도조차 하지 않았다는 서운함은 이미 문신처럼 가슴 깊이 새겨진 뒤였다.

사실 나는 이전부터 그 친구의 성적 지향을 알고 있었다. 사람은 다양하고, 각자의 성향은 어떤 경우에라도 존중받아 마땅하며, 따라서 너에게는 아무런 잘못이 없다고 늘 이야기를 해왔었다. 그럼에도 마음 한 구석에는 '아직 부모님이 모르시니 천만다행이야'하는 알 수 없는 안도감이 자리하고 있었고, 그러다 결국 부모님이 알게 됐다는 이야기를 듣고는 '이거 정말 큰일이네'하고 걱정부터 앞섰던 게 사실이다. 짧은 순간 머릿속에는 드라마 같은 장면들이 수없이 스쳐 지나갔고, 대체 내가 어떤 표정을 짓고 무슨 말을 해줘야 하나 하는 당혹감이 파도처럼 밀려왔다. 그런 찰나, 얼굴에 잔뜩 근심을 드리운 채 우물쭈물하는 나를 오히려 위로한 건 그 친구였다. "괜찮아요, 선생님. 무슨 죄를 지은 것도 아니고, 열심히 생활하고 활동해서 사회의 인식이 바뀌면, 부모님도 나 같은 소수자가 잘못된 것이 아니라 단지 조금 다를 뿐이라는 걸 받아들일 날이 오겠죠."

우리는 간혹 '다르다'와 '틀리다'라는 단어를 혼동해서 쓰는 경우가 있다. 단순히 자신과 다르다는 이유로, 혹은 자신의 가치관과 맞지 않는다고 해서 다른 사람을 배척하고 그의 삶을 '틀렸다'고 치부하는 어리석음을 범하곤 하는 것이다. 하지만 삶의 과정이 '다른' 사람은 존재할지언정, '틀린' 사람은 없다. 각자가 자신의 가치와 신념에 맞게 살고, 내가 귀하게 여기는 가치가 다른 사람에게는 그렇지 않을 수도 있음을 인정해야 한다. 가령 내가 우선시하는 가치가 사람 사이의 신뢰와 믿음, 소명이라고 했을 때, 다른 사람은 그것을 돈과 안정적인 직장이라 여길 수도 있다. 그렇다고 해서 나를 순진한 이상주의자로 몰아간다거나 상대를 속물로 낙인찍어서는 안 될 일이다.

사람은 모두가 다르다. 생김새에서 성격까지 '비슷한' 사람은 있지만, '똑같은' 사람은 없다. '다름'은 자기 안에 이미 존재해 있으며, 관계를 통해 차이가 난다. 관계는 타인에 대한 이해에서 시작되고, 그와의 긍정적인 관계는 배려를 통해 형성된다. 따라서 '다름'을 이해하지 못하면 사람들과의 관계에서 어려움을 겪을 수밖에 없다. 청소년기의 아이들은 또래 친구와의 사이에서, 청소년 지도사는 같은 목표를 가지고 나아가는 지도사들과의 사이에서 상대에 대한 '다름'의 차이를 이해할 수 있어야한다. 다름을 이해한다는 것은 상대를 귀히 여기는 마음이다*. 나 자신을 소중히 생각하듯 상대방도 똑같이 그렇게 대하는 것은 분명 쉬운 일이 아니다. 그러나 그러한 어려움을 극복하고 변화할 필요가 있으며, 변화는 결국 상대에 대한 나의 신뢰와 존중하는 마음에서 기인된다.

그럼에도 아직까지 우리가 살고 있는 사회는 '다름'을 받아들이는 데 있

* 정건희. 『청소년 자치이야기』. 2015. 푸른복지. p62-63

어 너무나 서툴고 미숙하다. 갖가지 기준을 내세워 경계의 울타리를 치고, 그 안과 밖에 있는 사람들을 '우리'와 '그들'로 구분한다. 그리고 우리가 그들보다 다수임에 안도하고, 소수인 그들을 손가락질 하거나 색안경을 끼고 바라본다. 그러나 다수와 소수는 언제 어디서나 절대적인 기준이 아니다. 예를 들어 나의 피부색은 한국에서는 나를 다수에 속하게 하지만, 내가 미국으로 이민을 가는 순간 나를 소수자로 만든다. 성적 지향도, 장애의 유무도, 남성과 여성 간의 우열도, 키가 작다거나 뚱뚱하다거나 하는 신체적인 콤플렉스도, 모든 것이 다 마찬가지다. 즉 누구든 다수이면서 동시에 소수자가 될 수 있다는 것이다. 따라서 자신이 다수에 속한다고 해서 우쭐댈 이유도 없고, 소수라고 해서 움츠려들 필요도 없다. 다수가 소수를 차별하거나 그들의 존재 자체를 지워버리려는 것은 더더욱 안 될 노릇이다. 근본적으로 우리는 다수와 소수의 이분법을 거부하는 데서부터 다시 출발해야 한다. 나는 지금의 우리 아이들이 그런 사회를 만들어내는 날이 반드시 올 거라 믿는다.

8장

아직 못다 그린 그림들

—

일 년 만에 다시 만난 그는 내 기억 속의 모습 그대로였다. 서글서글한 눈매에 미소를 짓는 듯 살짝 올라간 입 꼬리와 편안한 옷매무새까지, 2014년 9월 16일 내가 청소년 지도사로 첫 출근한 날에 마주한 그 때의 인상과 전혀 달라진 게 없었다. 그날 왁스로 머리카락에 잔뜩 힘을 주고 어울리지 않게 양복 정장까지 빼 입은 채 청소년 수련관에 일찌감치 도착해, 초조한 마음으로 다른 직원들을 기다리던 내게 맨 먼저 유쾌한 인사를 건넸던 이도 다름 아닌 그였다. "아, 새로 오신 선생님이시죠? 앞으로 잘 부탁드려요!"

이미 청소년 지도사로 일한 지 당시 5년차에 접어든 중고참의 그는 아버지가 교사였고, 어머니는 학원을 운영하고 있었다. 어려서부터 형과 누나 또래의 학생들이 집에 드나드는 경우가 잦았고, 그러다보니 어른이 된 뒤 같은 성인들끼리만 모여서 일하는 직장 생활은 자연스레 상상하기 힘들었다고 했다. 그러던 중 고등학교 때 우연히 알게 된 청소년 지도사라는 직업에 말 그대로 '꽂혔고,' 청소년 지도학과를 거처 청소년 수련관에 일터를 잡게 되었다.

그런 그에게 청소년 지도사라는 직업은 마치 잘 어울리는 옷과도 같았다. 대부분의 청소년 지도사들이 그렇듯, 기본적으로 사람을 좋아하고 사람과 사람 사이의 관계를 소중히 여겼던 그는 아이들에게 좋은 선생이라기보다는 함께하는 동반자에 더 가까웠다. 아이들과 동료들에게 건네는 그의 말에는 언제나 진심이 담겨있었고, 일을 할 때는 정말 저 사람이 좋아서 이 일을 하고 있구나 하는 걸 곁에서도 느낄 수 있을 정도였으며, 어느 샌가 그의 모습을 닮아가고 있는 나 자신을 발견하며 뿌듯해했던 적도 여러 번이었다. 물론 그 역시도 때로는 사람 때문에 힘들어하고 실망하기도 했지만, 그럴 때마다 그는 다른 취미로 눈길을 돌리거나 직장 밖에서의 관계 속으로 숨기보다는 오히려 정면 돌파를 택하는 쪽이었다. 힘들수록 수련관 아이들과의 좋은 추억을 기억하고, 새로운 프로그램을 기획하며, 동료들과 한데 모여 서로의 애환을 나누는 것으로 오뚝이처럼 우뚝 일어서곤 했던 것이다.

그랬던 그가 어느 날 갑자기 수련관을 그만두고, 지금은 사무실 책상이 아닌 카페 테이블 건너편에서 나와 마주 앉아 있다.

"형, 대체 그 때 일은 왜 그만둔 거예요?"

나도 모르게 호칭이 어느새 '선생님'에서 '형'으로 바뀐 걸 느끼며, 막상 그가 사표를 냈다는 이야기를 듣고도 그 때 당시엔 자세히 물어보지 못했던 질문을 불쑥 던졌다.

"하하, 뭐 많이 지치기도 했고, 이 일을 몇 년 하다 보니 밑천이 바닥난 것 같기도 해서 좀 쉬어야겠다 싶었지. 요즘은 어머니 학원 일도 좀 도와드리고, 틈틈이 운동도 하면서 그럭저럭 잘 지내."

예상했던 것보다 그는 더 담담하고 의연했다. 대화 도중 간간히 웃음을 터뜨릴 때는 무거운 짐을 벗어버린 자의 홀가분함까지 느껴져 당혹스럽기까지 했다. 역시 청소년 지도사는 오래 할 일이 못 되는 건가, 나도 몇 년 뒤에는 다른 길을 알아봐야하는 건가.

"사실 아이들을 위해서 사업을 기획하고, 준비물을 사러 여기저기 돌아다니고, 말 안 듣는 애들 달래가며 프로그램을 진행하는 거 자체가 힘들진 않았어. 다른 선생님들과의 관계에서 문제가 있었던 것도 아니고 말이야. 다만 해가 거듭되고 경력이 쌓일수록 오히려 나 자신이 너무 부족하다는 걸 느끼는데, 그걸 다시 채울만한 시간적, 정신적 여유가 없더라고. 그렇다고 재교육이나 재충전을 할 수 있는 기회도 거의 없을 뿐더러 이런저런 일로 눈코 뜰 새 없는 동료들과 기관에다 양해하고 기다려달라고 할 수도 없는 노릇이고."

청소년들과 함께 기획한 프로그램은 청소년 지도사라는 직업을 가진 이들에게 어느 것보다 소중한 그 무엇이다. 하지만 잘해내고 싶다는 열정과는 별개로 기관에서 요구하는 실적과 예산상의 한계 같은 외부적인 요인에 부딪히게 되는 순간, 일단 좌절감이라는 녀석이 찾아온다. 그리고 그 좌절감이라는 녀석과 몇 번 맞닥뜨리다보면, 어느 샌가 청소년 활동 자체를 '가치를 실현하기 위한 행위'가 아닌 '단순한 업무'로만 무덤덤하게 받아들이는 자신을 발견하게 된다. 이제 좌절감이라는 녀석보다 더 상대하기 힘든 관성이라는 녀석을 상대해야 하는 지경에 이르는 것이다. 객관적으로 판단했을 때 스스로 청소년 지도사로서의 역량이 부족하다고 느껴지는 경우에도 마찬가지다. 가령 내가 진행한 프로그램에 대한 아쉬움이 많이 남을 때, 내가 아닌 다른 동료나 더 능력이 뛰어난 지도사가 사업을 진행했더라면 더 좋은 과정과 결과가 도출되지 않았을까 하는 생각에 미치게 되면, 심지어 자괴감이라는 놈까지 경험하게 된다.

그럼에도 그걸 극복할만한 시간적, 정신적 여유는 좀체 주어지지 않는다. 청소년 수련관도 엄연한 직장이고 사회 공동체다 보니, 자기가 기획한 프로그램만 신경 쓰고 다른 일과는 담을 쌓고 지낼 수는 없는 노릇이다. 기관 전체의 사업이나 다른 팀과의 협업에도 적잖은 시간과 노력을 투자해야 하는 것이다. 그런데 주되게 책임을 맡은 일 이외에도 여러 다양한 업무를 하는 것은 개인의 경험과 역량을 넓힌다는 측면에서는 긍정적이지만, 달리 생각하면 하나의 업무에만 집중하기 어려운 환경이라는 반증이기도 하다. 특히 갑작스레 요구받는 각종 자료 제출과 행정 업무는 청소년 지도사 고유의 영역인 청소년 활동에서의 개선과 발전을 더디게 만든다. 어제보다 나은 내일을 앞으로도 기대하기 힘든 이유다. 또한 청소년과 함께 계획했던 활동이 상급자나 주변 요인에 의해 계속 뒤집히고 수정되는 경우에 야기되는 혼란은 어려움을 더욱 가중시킨다. 청소년 지도사가 품고 있던 가치관이 기관과 제도가 요구하는 방향과 달라 발생하는 괴리감은 근본적으로 내가 이 일을 계속 해야 하나 하는 회의로까지 이어지게 되고, 이 모든 게 쌓이고 쌓여 결국 사직서를 써야겠다는 결심으로 이어지는 것이다.

이렇게 그의 이야기가 이어지는 동안, 나는 여러 차례 고개를 크게 끄덕일 수밖에 없었다. 누구보다 현직에 있는 내가 평소 느껴오던 부분을 그의 입을 빌어 다시 확인하는 기분이었기 때문이다. 그러나 어찌 보면 그가 지적한 부분들은 다른 직업을 가진 이들도 흔히 경험하고 느끼는 부분이기도 했다.

"그래도 이렇게 이 일을 포기하는 건 아니지 않아요? 후회는 안 되나요?"

나도 모르게 격양된 목소리로 되물었다. 그는 고개를 크게 가로저으며 말했다.

"너도 알다시피 난 청소년 지도사라는 직업을 선택한 거에 대해서 후회해본 적은 없어. 다만 계속 일을 하면서 전문성을 끌어올리고 재충전하는 게 힘들다고 판단했으니까, 잠시 일에서 쉼표를 찍고 나의 부족한 부분을 채운 다음에 다시 돌아가려는 거지."

그의 말이 끝나는 순간 나는 안도감에 가벼운 숨을 내뱉었다. 사실 내가 그를 만나서 듣고 싶었던 건 바로 그 말이었는지도 모른다. 우리가 애초 청소년 지도사라는 직업을 선택한 자체가 잘못된 건 아니었다는 사실, 더 먼 길로 나아가기 위해 잠시 쉬었다 가거나 에둘러 갈 수는 있어도 이 길을 함께 할 든든한 동반자들이 분명 내 곁에 있다는 사실을 확인하고 싶었던 것이다.

이야기를 나누는 동안 어느새 창밖에는 짙은 어둠이 내려앉아 있었다. 언제 다시 같은 공간에서 아이들과 웃고 떠들 날이 올지는 모르겠지만, 그의 빈자리를 나와 동료들이 대신 채울 테니 비어버린 몸과 마음을 꽉꽉 충전해서 반드시 청소년 활동의 현장에서 다시 만나자는 말을 남기고 남은 커피 잔을 마저 비웠다. 그리고 그가 동료들에게 전해달라며 남긴 말을 머릿속에 되새기며 자리에서 일어섰다.

"현재 여러분이 힘들다고 느끼는 이유는 그만큼 아이들에 대해 치열하게 고민하기 때문입니다. 어떻게 하면 그들에게 조금이라도 더 보탬이 될 수 있을까, 내가 정말 최선을 다하고 있고 잘하고 있는 건가를 고민하니까 힘든 법이지요. 그럼에도 부정할 수 없는 사실은 여러분의 그런 고민이 아이들에게는 밑거름이 되고, 그 거름으로 성장한 청소년들이 언젠가 꽃을 피우게 되면, 그게 다 우리가 감내한 시간들의 결실이라는 점입니다. 따라서 고민하는 당신은 옳습니다. 부디 초심을 잃지 말고 힘내시길, 우리는 당당하고 자랑스러운 청소년 지도사임을 잊지 마시길 바랍니다."

9장

우리의 발걸음을 가로막는 몇 가지 장벽들

—

나의 꿈은 처음부터 청소년 지도사였던 건 아니다. 누구나 그렇듯 어릴 땐 가수나 뮤지컬 배우, 디자이너 같이 모두가 선망하는 화려한 직업을 꿈꿨던 것이다. 그러다 커가면서 나의 현실(?)을 깨닫고는 내가 정말 할 수 있는 일이 무얼까 고민한 끝에 내린 결론이 사회 복지 분야였다. 요즘이야 진로센터 같은 곳에서 미리 다양한 직업 체험도 해보고 직업 적성 검사도 받는다지만, 내가 자랄 때만 해도 그런 기회는 거의 없었고 고작 학교에서 하는 동아리 활동 정도로 자신의 특기와 흥미를 발견할 수 있을 뿐이었다. 그래서 고등학교 시절 친구의 손에 이끌려 찾아간 곳이 인터렉트라는 봉사 동아리였다. 봉사 활동 시간이 꼭 필요했던 시기였기 때문에 나로서는 봉사 시간도 챙기고 동아리 활동도 할 수 있는 절호의 기회다 싶었다. 봉사 활동은 주로 주말에 요양원이나 복지관으로 이동해 진행되었다. 당시 봉사의 봉도 몰랐던 나는 옆에서 선배들이 하는 걸 곁눈으로 보고 따라하거나 어르신들께서 하시는 말씀에 과장된 리액션으로 추임새를 넣는 게 한 일의 전부였지만, 시간이 흐를수록 그 안에서 소소한 즐거움을 찾게 되고 그것이 결국은 사회 복지를 전공으로 선택한 계기가 되었다.

그러던 나의 뜨뜻미지근하던 열정이 비로소 뜨겁게 달아오르기 시작한 건 대학에서 청소년들을 만나면서부터였다. 당시 막상 대학교를 입학하고 보니 한 학년 동기들의 수만 해도 3백 명이 넘는데다 학부제 하에서 세부 전공을 일일이 알아서 찾아 듣는다는 게 갓 들어온 신입생으로서는 여간 벅찬 게 아니었다. 그래서 선배들과 친해져 도움이라도 얻을 요량으로 또다시 동아리를 기웃거리게 됐는데, 이번에는 청소년 복지 분야에서 활동하는 동아리였다. 거기서 아이들과 일대일 멘토링을 시작하고, 이런저런 활동들을 같이 하면서 말 그대로 아이들의 매력에 풍덩 빠져버린 것이다. 그 중 무엇보다 좋았던 건 아이들과 적당히 말도 잘 통하고 인간적인 교유도 맘껏 나눌 수 있다는 점이었다.

때로는 선생님으로, 때로는 동네 언니로, 또 때로는 친구처럼 아이들과 어울리고 교감할 수 있다는 게 그렇게 신나고 뿌듯할 수 없었다. 그 과정에서 먼지 쌓인 기억 밖으로 끄집어내게 된 사람들이 있었으니, 바로 중학교 2학년 때 학교 수련회에서 만난 청소년 지도사들이었다. 그 때 오랜 만에 답답한 집과 학교를 떠나 산속 수련원에서 2박 3일을 보낸다는 생각에 마냥 설레고 들떠있던 열다섯 살 소녀의 눈에는 불과 20대 초중반의 청소년 지도사들이 어찌나 크고 어른스럽고 멋져보였는지 모른다. 지도사 선생님들이 옆을 지나갈 때면 마치 연예인처럼 후광이 비치는 게 느껴질 정도였으니 말이다.

그런 경험과 기억들에 이끌려 나는 청소년 지도사 시험을 치르고 바라던 청소년 지도사가 되어 청소년 수련관에 작은 둥지를 틀었다. 그러나 내가 막연한 환상만으로 얼마나 준비도 없이 이 일에 뛰어들었는지를 깨닫는 데까지는 그리 오랜 시간이 필요하지 않았다. 하루하루가 애초 생각했던 이상과 현실이 부딪치는 나날들의 연속이었고, 그 속에서 여기저기 좌충우돌하며 누들겨 맞고 깨지고 아파했으며, 이 사회에서 청소년 지도사의 위치가 아직은 너무나 낮고 보잘것없다는 사실에 탄식했다. 왜 대학생 시절에는 이런 현실을 아무도 이야기해주지 않은 걸까, 딱히 뚜렷한 대상도 없이 원망을 쏟아내기도 했다.

바로 그래서다. 오늘날 우리 청소년 지도사들이 일상적으로 직면하는 어려움을 글로 풀어보겠다고 나선 건 말이다. 어찌 보면 부끄럽고 내 얼굴에 침 뱉기일 수도 있다는 생각이 들지 않는 건 아니다. 그러나 '우리 이렇게 힘들어요'하고 투정부리기 위함이 아니라, 지금 이 순간 청소년 지도사를 꿈꾸는 이들이나 청소년 정책을 입안하고 집행하는 사람들, 학부모 모두가 분명히 이런 현실을 알 필요가 있다고 믿기에 감히 자판을 두들겨 본다. 청소년 지도사들의 얼굴이 밝아야 그들이 매일같이 마주하는 청소년들의 얼굴도 밝아질 수 있고, 청소년이 밝아야 이 사회의 미래도 보다 환해질 수 있기 때문이다.

아이들이 줄었어요

전반적으로 아이를 적게 낳는 경향으로 인한 한국 사회의 낮은 출생률은 더 이상 뉴스거리가 되지 않을 정도로 일반화된 지 오래다. 통계청이 발표한 '2017년 출생 통계'에 따르면 그 해 일 년 동안 태어난 아이의 수는 357,800명으로 전년에 비해 11.9%나 감소했으며, 인구 천 명 당 출생아 수를 뜻하는 조출생률은 7.0명으로 세계 240여개 국가 가운데 220위라고 한다. 한국 전쟁 기간에도 한 해에 태어난 아이들의 수가 50만 명은 넘었다고 하니, 출생률만 놓고 따지면 지금은 전시보다 더 심각한 상황인 셈이다.

물론 내가 일하는 청소년 수련관 같은 청소년 시설은 아이들이 자발적으로 찾아오는 곳이기 때문에 일선 학교처럼 학급 수가 줄어드는 등 낮은 출생률로 인한 변화를 즉각적으로 체감하기는 힘들다. 그러나 시간이 흐를수록 청소년 수의 절대적인 감소는 시설을 이용하는 청소년들도 그만큼 줄어드는 결과로 이어질 것이고, 그에 따른 시설 수의 감소와 같은 변화가 우리에게도 곧 찾아오게 될 것이다.

하지만 청소년 시설에 아이들의 웃음소리가 줄어드는 건 단순히 그 숫자 때문만은 아니다. 오히려 살인적인 입시 지옥으로 인해 아이들이 자기 계발이나 동아리 활동에 참여하는 걸 시간 낭비나 사치로 여길 수밖에 없는 현실이 더 문제인 것이다. 아침 일찍 학교에 가서 자율 학습과 수업을 하고, 하교 이후에는 학원으로 달려가기 바쁜 아이들에게 수련관에 와서 인문학을 공부하고 웃고 떠들며 자치 활동을 할 만한 시간적, 정신적 여력이 남아 있기나 할까. 그나마 틈틈이 생기는 여가 시간도 컴퓨터 게임에 빼앗기거나 부족한 잠을 보충하느라 보내야하는 현실을 뻔히 아는 입장에서 청소년 지도사들은 아이들에게 "다음 주말에도 꼭 놀러와"라고 말하기조차 미안할 정도다. 물론 그럴수록 그들에게는 잠시나마 숨 쉴 여유와 자유롭게 놀 거리가 필요하다는 생각에는 변함이 없지만, 병든 병아리 마냥 생기를 잃어버린 아이들을 보노라면 그저 답답하고 안타까울 뿐이다. 치열한 경쟁 사회에서 입시 지옥에 빠져 허우적거리는 아이들의 문제가 하루아침에 해결될 수 있는 문제는 아니겠으나, 핏기 하나 없이 지친 기색을 뿜어내는 그들의 얼굴을 일상적으로 마주하며 프로그램을 진행해야 한다는 건 분명 우리 청소년 지도사들에게 가장 곤혹스럽고 넘기 힘든 벽인 것이다.

표1. 과정에 따른 주요 여가활동

		평일		휴일	
		중학교	고등학교	중학교	고등학교
여가 활동	스포츠, 등산	29(8.0%)	30(8.3%)	29(8.0%)	41(11.4%)
	독서	23(6.4%)	14(8.3%)	15(4.1%)	22(6.1%)
	여행	3(0.8%)	3(0.8%)	5(1.4%)	10(2.8%)
	영화·연주회관람	23(6.4%)	19(5.3%)	27(7.5%)	24(6.6%)
	봉사활동	3(0.8%)	0	1(0.3%)	4(1.1%)
	컴퓨터게임	104(28.7%)	53(14.7%)	93(25.7%)	72(19.9%)
	TV시청	78(21.5%)	77(21.3%)	79(21.8%)	80(22.2%)
	학업보충	19(5.2%)	36(10.0%)	13(3.6%)	17(4.7%)
	휴식, 잠	80(22.1%)	129(35.7%)	100(27.6%)	92(25.2%)
계		362(100%)	361(100%)	362(100%)	361(100%)
		Chi-Square=38.902, Sig.=.000		Chi-Square=10.660, Sig.=.222	

표2. 과정에 따른 주요 여가활동 장애요인*

		경제적 이유	부모님 부재	학원 수강	시설및 장소	정보 부족	프로그램 부재	계
평일	중학교	35(9.7%)	32(8.8%)	167(46.1%)	79(21.8%)	32(8.8%)	17(4.7%)	362(100%)
	고등학교	50(13.9%)	16(4.4%)	201(55.7%)	62(17.2%)	22(6.1%)	10(2.8%)	361(100%)
	Chi-Square=16.837, Sig.=.005							
주말	중학교	36(9.9%)	35(9.7%)	142(39.2%)	93(25.7%)	31(8.6%)	25(6.9%)	362(100%)
	고등학교	50(13.9%)	18(5.0%)	178(49.3%)	75(20.8%)	26(7.2%)	14(3.9%)	361(100%)
	Chi-Square=17.250, Sig.=.004							

24시간이 모자라, 왜?

청소년 지도사가 A라는 프로그램을 기획할 경우에는 우선 연초에 그 내용을 포함시켜 연간 계획서를 작성해야 한다. 일 년 동안 어떤 목적을 가지고 어떻게 진행할지, 돈을 얼마나 지출할건지, 어떤 효과를 얻을 수 있을지를 장황하게 나열한다. 일단 연간 계획서가 결재 승인이 나야 사업을 시작할 수 있다. 그런 다음 사업을 진행할 때는 월 단위로 시행 계획서와 결과 보고서를 또 작성해야 한다. 평균 잡아 일 년에 열 번의 시행 계획서와 결과 보고서를 작성하는 것이다. 이게 끝이 아니다. 틈틈이 지출이 있을 때마

* 문선아(2012) 주5일 수업제 전면 실시에 따른 청소년여가활동 활성화 방안 연구 : 대전지역 중·고등학생을 중심으로, 한남대학교 사회문화대학원 석사논문

다 시행 계획서에 지출 내역을 작성하고 구매 계획서와 지급결제 서류를 작성해야 한다. 구매 계획서의 경우에는 일정 금액이 넘어가면 두 곳 이상의 업체에서 견적서를 받아야 한다. 그런 다음 물품을 구입하고 나서는 지급결제 서류를 작성할 차롄데, 여기엔 또 검수 조사란 게 필요하다. 일일이 물품 사진을 찍고, 사진에 있는 물건들을 표에 꼼꼼히 기록한 다음 구매 영수증을 첨부해야지 지급결제 서류가 마무리 된다. 마지막으로, 이 모든 서류들을 모아 팀원을 거쳐 팀장, 협조자, 부장, 관장의 순으로 결재를 받아야 한다. 이런 과정이 매달 진행 된다. 매주 진행하는 프로그램이라면, 일주일 단위로 구매 계획서와 지급결제 서류를 올려야 한다. 청소년 시기에는 간식 먹는 걸 아주 좋아하고 중요하게 생각해서, 프로그램이 진행될 때 치킨이나 피자를 사주곤 한다. 그런데 조리된 음식은 특성상 한꺼번에 미리 사둘 수 없고, 프로그램이 진행될 때마다 그때그때 주문해야 한다. 이럴 때는 그야말로 서류와의 전쟁이 벌어진다. 인간이 쏟을 수 있는 에너지는 한정되어 있기 때문에 그렇게 되면 청소년들에게 돌아가야 할 에너지 중 상당부분이 행정 업무로 소진될 수밖에 없다. 물론 공공 기관이든 기업이든 문서로 된 근거 없이 일이 진행될 수 없다는 건 충분히 잘 안다. 그러나 굳이 꼭 필요한 서류와 절차가 아니라면, 간소화하고 줄일 필요가 있다. 가끔은 내가 청소년 지도사인지 행정 업무를 하는 사무 직원인지 헷갈릴 때가 있다.

여기에 당직 업무도 부담이자 스트레스의 한 요인이다. 청소년을 만나는 기관들은 대부분 다양한 팀들로 구성돼 있으며, 그 팀들은 명절 때를 제외하고 일 년 내내 돌아가며 각양각색의 프로그램들을 진행하는 경우가 많다. 그러다보니 수련관은 일 년 365일 계속 열려있어야 하고, 프로그램 담당자가 아니더라도 청소년 지도사가 교대로 밤늦게까지 당직을 서야하는 경우가 잦다. 게다가 아이들이 평일에는 시간을 내기 힘들기 때문에 청소년 프로그램은 주로 주말에 진행되는 게 일반적이다. 따라서 토요일에 프로그램을 진행하고, 일요일에도 출근해서 당직을 서야하는 경우가 종종 생긴다. 운이 나쁘면 일주일 내내 주말도 없이 일을 해야 하는 것이다. 기관에 따라서는 인원이 많지 않아 일주일에 한 번 이상 당직이 돌아오는 곳들도 있다. 그나마 수당이라도 주어지면 다소 위로가 되겠지만, 수당도 없이 밤늦게까지 일을 해야 하는 상당수 지도사들은 사기와 의욕이 바닥을 뚫고 지하로 곤두박질치는 걸 경험하기 일쑤다.

월급은 통장을 스쳐갈 뿐

"너네 부모님 부자야? 아니면 일찌감치 포기해."

한창 진로를 고민하던 대학 졸업반 시절 선배들로부터 농담반 진담반으로 종종 들었던 이야기다. 아무리 청소년 지도사는 사명감으로 먹고 산다지만, 우리도 엄연한 사회인이기에 경제적인 측면과 복지를 무시한 채 나뭇잎에 맺힌 이슬만 먹고 살아갈 수는 없는 노릇이다. 2018년 서울시 청소년 지도사 급여 기준표를 보면, 4년제 대학을 졸업한 후 사회생활을 처음 시작한 청소년 지도사의 월급은 세전 180만원 수준이며, 그마저도 최저 임금 산입에 포함되지 않는 급여를 제외하면 세전 157만원으로 최저 임금을 겨우 충족시키는 수준인 것으로 나타나 있다. 이는 사회 복지 시설에 근무하는 사회 복지사와 비교해 볼 때 기본급에서 대략 14만 원가량 적은 금액이며, 그 격차는 호봉이 올라갈수록 더 벌어진다.

또한 서울시를 비롯한 전국 50여개 지자체에는 '생활 임금'이라는 개념이 있다. 노동자가 자신과 가족의 생활에 기본적인 필수품 조달이 가능할 뿐만 아니라 교육과 문화 같이 인간의 존엄성을 유지할 수 있는 수준의 삶을 영위할 수 있도록 하는 급여액을 말하는 것으로, 최저 임금만으로는 보장하기 어려운 주거비, 교육비, 교통비, 문화비 등을 종합적으로 고려해 책정된다. 이 생활 임금은 서울시를 기준으로 2018년에 시급 9,211원, 월급으로 따지면 1,925,009원으로 정해져 있다. 그런데 아래와 같이 2018년 방과 후 아카데미에서 일하는 청소년 지도사의 확정 급여를 보면 스케줄 매니저(SM)와 청소년 배치 지도사의 경우에는 생활 임금에도 못 미치는 급여를 받는 것을 알 수 있다. 이것이 가능한 이유는 서울시가 2016년 3월부터 적용 중인 생활 임금 제도에서 청소년 지도사는 아예 제외되어 있기 때문이다. 시 회계에서 일부 지원을 받는 민간 위탁 사업은 생활 임금에서 적용 제외 대상인데, 시립 청소년 시설들은 대부분 법인 단체가 시의 운영 보조금을 지원받아 운영하기 때문이다.

표3. 여성가족부 기준 급여

직종	급여
청소년방과후아카데미 PM	1,992,000원(세전)
청소년방과후아카데미 SM	1,625,000원(세전)
청소년배치지도사	1,826,000원(세전)

이와 같이 현재 청소년 지도사가 받는 경제적 처우는 청소년 기본법 제23조 제3항의 “국가와 지방 자치 단체는 제1항에 따른 청소년 지도사 및 청소년 상담사의 보수가 제25조에 따른 청소년 육성 전담 공무원 보수 수준에 도달하도록 노력하여야 한다”는 조항과 완전히 모순되는 실정이다. 이런 상황에서 결혼과 동시에 가정을 꾸려나가야 할 입장에 처한 선배 지도사들이 경제적인 어려움에 부딪혀 결국 이 길을 포기하고 다른 살 길을 찾아나서는 모습을 볼 때마다 안타깝다는 말로는 다 표현할 수 없는 답답함을 느끼곤 한다. 나 역시 언제 그 대열에 합류하게 될지 장담할 수 없으니 말이다. 이제 열정과 희생만으로 버틸 것을 강요하는 열정 페이의 시대는 끝나야 한다. 청소년 지도사에 대한 투자는 곧 청소년들을 위한 투자다. 낮은 급여와 처우의 개선을 요구하는 우리 청소년 지도사의 목소리가 괜한 투정일 수 없는 이유다.

10장

응답하라, 청소년 지도사!

—

들어가며

오늘날 우리 사회는 가족 구성원 간의 소통 부재와 입시 위주의 교육 환경, 경쟁적인 사회 풍토 등으로 인해 청소년들이 자신의 꿈이 뭔지도 모른 채 그저 앞만 보며 달려가도록 내몰리는 현실에 무방비 상태로 노출돼 있다. 심지어 그 나이대에 가장 중요한 또래 친구와의 관계 맺기 또한 경쟁의 연장선상으로 받아들이는 경우가 많아, 지나친 열등감이나 과도한 우월 의식을 드러내는 아이들 또한 적지 않다. 이렇게 여러 가지 문제점들이 수면 위로 드러날수록 청소년들의 건강한 성장과 발달을 도울 '그 누군가'의 필요성은 그만큼 높아질 수밖에 없다. 대한민국 정부가 현장에서 청소년들에게 올바른 가치관과 다양한 활동을 지원할 수 있는 전문 인력의 중요성을 인식하고, 청소년 기본법을 제정해 그에 따라 청소년 지도사를 양성하고 배치하기로 한 것도 바로 그런 이유에서였다.

여기서 일반 시민들이 잘 모르는 사실 중 하나는, 한국의 경우 청소년에 관한 교육과 활동을 행정적으로 뒷받침하는 담당 부처가 청소년이 지금 현재 어느 곳에 있느냐에 따라 수시로 바뀐다는 점이다. 무슨 말인고 하니, 청소년이 학교에서 하는 수업이나 각종 활동들은 모두 교육부 소관인 반면, 그 아이가 학교라는 공간을 벗어나 지역 사회에서 참여하는 활동은 여성가족부가 관할한다는 것이다. 따라서 국가 자격증 제도로 운영되는 청소년 지도사의 업무와 역할은 큰 틀에서 볼 때 여성가족부의 방침과 지시를 따르도록 되어 있다.

청소년 지도사는 기본적으로 청소년에 대한 체계적인 전문 지식과 자질 등을 갖추고 학교 밖 활동을 중심으로 다양한 체험과 함께 경험 중심의 교육 활동을 제공함으로써 청소년들로 하여금 지역 사회 내의 당당한 구성원임을 인식하게 하고, 그로 인해 그들이 자신의 권리를 인식하고 지키며 미래의 꿈을 키우고 이룰 수 있도록 지원하는 사람들이라고 할 수 있다. 구체적으로는 전국의 청소년 시설과 기관 등에서 학교에서 실시할 수 없는 현장 체험 활동 위주로 청소년들에게 실질적인으로 도움이 될 수 있는 활동들을 전개해 나가는 일을 도맡아 한다. 그밖에도 수능을 마치고 대입을 앞둔 청소년들에게 자신들의 구체적인 꿈을 찾을 수 있도록 리더십 강의를 준비한다거나, 중고등학교 청소년들에게 직업 현장으로 탐방을 떠나 실제 그 직업이 어떤 식으로 이루어지는지 살피게 하는 등 다양한 청소년 체험 활동을 진행하고 있기도 하다. 특히 자유 학기제의 전면적인 시행 등으로 학교 내 활동뿐만 아니라 학교 밖 활동의 중요성도 더불어 커지는 요즘에는 해가 갈수록 각종 사회 복지 시설과 학교, 사회단체들로 그 활동 영역과 역할이 점점 확대되는 추세다.

그런데 이 대목에서 중요하게 짚고 넘어가야할 부분은, 사회란 늘 변화하기 마련이라는 사실이다. 이는 곧 청소년과 그들을 둘러싼 환경도 시대의 흐름에 따라 같이 변화한다는 걸 뜻한다. 따라서 청소년 지도사들 역시도 그런 변화를 빠르게 간파하고 적응하는 것이 당연히 필요하다. 그러나 문제는 그것을 고스란히 청소년 지도사 개개인의 역량과 노력에만 기대고 있다는 점이다. 즉 청소년 지도사 제도가 1993년에 처음 도입된 이래 25년이라는 긴 시간이 흘렀으나, 현장의 청소년 지도사들의 전문적인 역량을 끌어올릴 제도적, 물질적 지원은 시대의 변화를 따라잡기에는 여전히 턱없이 부족하고, 그나마 그들의 전문성에 걸맞은 사회적 인정을 기대하는 것조차 사치스러운 이야기로 들릴 지경이며, 최근에는 오히려 그 자격 제도마저 여러 가지 논란과 도전에 놓여 있는 실정이다. 단적인 예로, 과거 청소년 지도사 자격의 부여는 청소년학을 전공한 대학생과 청소년 시설에서 근무하고 있는 지도자들에 그 대상이 국한됐다면, 인터넷 수강을 통한 사이버 대학이 일상화 된 요즘에는 사회에서 일정 학점을 수강하고 면접만 통과하면 쉽게 자격을 취득할 수 있게 되었다. 따라서 너무 많은 사람들이 자격증을 취득하는 문제가 발생하면서 전문성에 대한 논란도 그만큼 커지고 있는 것이다..

그래서 이 글에서는 다양한 청소년 활동을 방해하고 있는 여러 가지 요인들을 살펴보고, 그 속에서 청소년 지도사들이 자신에게 주어진 직무와 역할을 제대로 수행하기 위해 어떤 부분들이 개선되어야 하는지를 풀어보는 기회를 갖고자 한다. 지금 이 순간에도 우리 청소년들의 꿈과 미래를 위해 고민하고 또 땀 흘리는 전국의 모든 청소년 지도사들을 응원하는 마음으로 이야기를 시작해보도록 하자.

인구 절벽의 시대, 청소년 인구의 급감에 응답하라!

표1. 청소년 인구

	총인구	청소년 인구 (9~24세)	구성비*	남자	구성비**	여자	구성비**
1970	32,241	11,330	35.1	5,848	51.6	5,481	48.4
1980	38,124	14,015	36.8	7,216	51.5	6,799	48.5
1982	39,326	14,209	36.1	7,322	51.5	6,887	48.5
1990	42,869	13,553	31.6	6,991	51.6	6,563	48.4
2000	47,008	11,501	24.5	5,987	52.1	5,514	47.9
2010	49,554	10,370	20.9	5,468	52.7	4,902	47.3
2018	51,635	8,990	17.4	4,706	52.3	4,284	47.7
2020	51,974	8,522	16.4	4,438	52.1	4,084	47.9
2030	52,941	6,989	13.2	3,596	51.5	3,392	48.5
2040	52,198	6,499	12.5	3,337	51.3	3,163	48.7
2060	45,246	5,013	11.1	2,575	51.4	2,439	48.6

자료 : 통계청,「장래인구추계」 2016.12. * 청소년 기본법 기준에 따른 청소년 인구 ** 청소년 인구에 대한 각각의 구성비임

그림1. 청소년 인구 추이

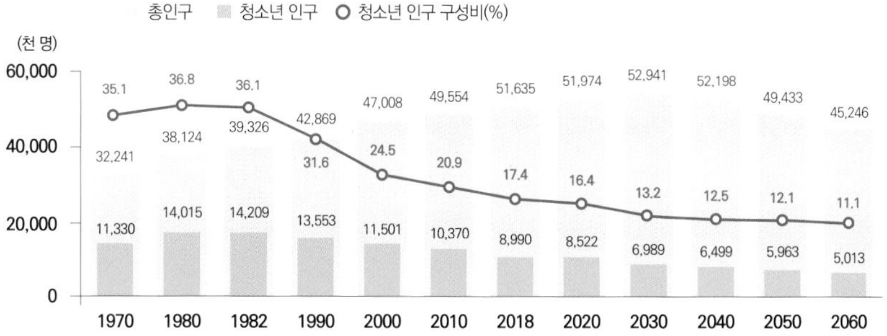

자료: 통계청, 「장래인구추계」

[표1]과 [그림1]에서 보듯이 2018년 우리나라의 총인구는 51,365,000명으로, 2030년까지 그 수가 지속적으로 증가한 뒤 점차 감소세에 접어들 것으로 예상된다. 그에 비해 청소년 인구*는 이미 1982년에 14,209,000명으로 정점을 찍은 뒤부터 꾸준히 감소하더니, 2018년에는 8,990,000명으로까지 줄어든 상태다. 마찬가지로 청소년 인구가 차지하는 비중 또한 과거 30% 중반 대에서 그 절반인 17.4%로 축소됐고, 급기야 2060년에는 11.1%로까지 곤두박질칠 전망이다. 이렇듯 청소년 인구가 급속히 줄어들게 된 가장 기본적인 원인은 다들 알다시피 심각한 저출산** 경향에 있는데, 이는 비단 우리나라뿐만 아니라 전 세계적인 현상이라 볼 수 있다. 그 중에서도 우리나라는 1960년부터 1987년 사이에 출산율이 6명에서 1.6명으로 감소한 후 2015년에는 1.24명으로까지 낮아져 세계에서도 가장 낮은 수준의 출산율을 보이고 있고, 그를 끌어올리기 위한 정부와 사회의 다양한 노력에도 불구하고 2065년까지 1.4명을 넘기기 힘들 것으로 예상된다. 다시 말하자면, 역사적으로 낮은 출산율은 앞으로도 회복이 불투명한 뉴노멀(New Normal), 즉 이전에는 비정상적인 것으로 받아들여졌으나 어느새 일상적인 현상이 돼 표준으로 굳어질 가능성이 그만큼 커진 것이다.

이러한 저출산 문제는 결국 인구 구조에도 변화를 가져올 수밖에 없고, 그 결과 중 하나가 앞서 언급한 청소년 인구와 구성비의 감소라고 하겠다. 당장 내가 고등학교를 다니던 1990년대 후반만 하더라도 우리 반 학생

---

* 청소년 기본법에서는 만 9세에서 24세까지를 청소년 인구로 규정하고 있다.

** UN은 1965년만 하더라도 합계 출산율이 4.1명을 넘지 못하면 저출산 국가로 규정하였으나, 최근 들어서는 그 기준을 2.5명으로 낮춰 잡고 있다.

들의 수는 55명에 달했고, 한 학년은 15개 학급으로 약 800여명의 학생들이 같은 학년을 이루고 있었다. 하지만 2018년 현재 광진구 한 고등학교의 경우 한 반의 인원은 평균 30명에 불과하고, 한 학년은 10개 학급으로 줄어들었다고 한다. 물론 학교마다 차이는 있겠지만, 이는 불과 20년 사이에 학년 당 수백 명의 학생이 감소했을 가능성을 의미한다. 이렇게 체감할 수 있을 정도로 청소년 인구가 줄어드는 현상은 다양한 사회 변화를 야기하고, 그만큼 선제적인 대응을 요구하는 문제일 것이다.

그럼에도 불구하고 아직 우리 사회는 여전히 교육 정책의 방점을 국영수 중심의 입시제도에만 찍고 있으며, 2018년 여성가족부가 발표한 청소년 정책 5개년 계획에서도 인구 절감에 따른 구체적인 대안을 찾아보기란 힘든 실정이다. 인구 감소와 고령화 문제의 심각성을 언급하며 청소년 정책의 중요성과 사업의 필요성을 강조하고 있기는 하나, 원론적인 문제 인식의 확인 정도에만 그치고 있는 것이다.

이런 현실은 곧 청소년 지도사들의 활동을 제약하는 결과로도 직결된다. 단순히 서비스 대상인 청소년들의 수가 줄어든 게 문제가 아니라, 그로 인한 교유 관계의 변화에 어떻게 대처할 지에 대한 적절한 해답을 내놓아야 하는 것이다. 예를 들어 한 자녀 가정의 아이들이 절대 다수를 차지하며, 그 아이들이 주변에서 어울릴 수 있는 또래 집단의 규모가 작아지고 다양성 또한 줄어들 때, 청소년시설에서는 그에 반비례해 보다 다양한 아이들이 함께 어울릴 수 있는 공동체 활동과 남을 이해하고 배려할 수 있는 사회성 향상 프로그램에 역량을 더욱 집중해야 한다. 그러나 이는 제도와 정책

이 그것을 충분히 뒷받침해줄 때 가능한 것이며, 개별 시설이나 지도사 차원에서 의지만 가지고 해결할 수 있는 문제가 아니다. 정책 입안자와 행정 관료, 청소년 관련 종사자들 전체가 인식을 같이하고 적극적인 사회적 논의에 나서, 그 결과물로 구체적인 정책과 법적인 토대를 마련해야 되는 것이다. 우리에게 주어진 시간은 그리 많지 않다.

열악한 처우와 근로조건에 응답하라!

오늘날 우리 청소년 지도사들은 빠른 시대적 변화에 능동적으로 대응하고, 청소년들의 바른 성장과 민주 시민 양성을 위해 하루하루 고군분투하고 있다. 그에 따라 전문적인 역량을 갖춘 인력 확보가 더욱더 중요성을 더해감에도 불구하고, 사회 복지사 같은 유사 직종 종사자들에 비해 야간 근로와 휴일 근무 같은 취약한 근무 조건과 낮은 보수라는 장벽들로 인해 기존에 활동하는 지도사들조차 극도의 사기 저하를 경험하고 있는 게 현실이다. 갈수록 소진되어 가는 자신의 모습을 바라보며 이직을 고민하는 이들도 적지 않으며, 그런 현실은 청소년 지도사를 희망하던 미래 세대에게 조차 고스란히 보이지 않는 진입 장벽으로 작용하고 있다.

좀 더 구체적으로 2017년 한국청소년정책연구원에서 조사한 청소년 수련 시설 종사자 인건비 가이드라인을 살펴보면, 아래 [표 2]와 같이 서울 소재 청소년 시설 종사자들의 급여는 일반 공무원의 평균 급여에 비해 64%, 서울시 사회 복지 시설 급여 기준 대비 75% 수준에 불과한 것으로 확인되고 있다.

표2. 청소년수련시설 평균급여 비교표

구분	일반 공무원	전국 청소년시설	서울 소재 사회복지시설	서울 소재 청소년시설
평균급여	3,276,467원	2,571,994원	2,774,761원	2,093,559원

특히 2018년에 법정 최저 임금이 시급 7,530원으로 상승함에 따라 청소년 시설 종사자의 보수 또한 동반 상승했어야 함에도 불구하고, 급수별 급여 기준은 2018년 월 최저 임금 수준인 1,573,770원에 여전히 미치지 못하고 있음을 알 수 있으며, 단기 프로젝트 성격의 사업을 위해 고용된 계약직 근무자 가운데 수당 혜택이 주어지지 않는 청소년 방과 후 아카데미와 학교 밖 청소년 지원센터 담당자의 세후 수령액도 각각 1,465,310원과 1,570,570원으로 정규직과 마찬가지로 열악한 상태를 벗어나지 못하고 있다.

표3. 서울시 청소년시설 예산편성 지침에 의한 급수별 급여 기준표

직급 호봉	1급	2급	3급	4급	5급	6급	7급
1	1,561,300	1,449,900	1,368,200	1,269,000	1,195,500	1,154,100	1,074,400

반면 유사 직종인 사회 복지 시설에서 근무하는 사회 복지사의 보수 체계는 과거엔 개별 시설에서 각 기관의 특성에 맞추어 독자적으로 책정하다가, 2002년부터 수차례에 걸친 관련 연구와 토론회, 공청회 같은 제도적 노력을 통해 점차 체계화 되어 왔다. 2012년 「사회 복지사 등의 처우 및 지위 향상을 위한 법률」이 시행됨에 따라 사회 복지사의 처우 개선 및 신분

보장에 대한 국가와 지자체 노력의 의무화, 보수 수준 등에 대한 3년 주기의 조사 실시, 사회 복지사의 보수를 사회 복지 전담 공무원의 수준에 도달하도록 권장하는 것과 같은 내용들이 법적인 보장을 받고 있는 것이다. 이에 따라 사회 복지 시설에 종사하는 사회 복지사의 봉급과 수당 기준은 개별 시설과 지방 자치 단체의 예산 상황에 따라 개별적으로 편성하되 보건복지부의 인건비 지원 기준('사회복지시설 관리안내')을 따르도록 하고 있으며, 각 지자체별로 조례 제정 등을 통해 처우 개선이 꾸준히 추진되고 있다. 그에 비해 청소년 지도사의 경우는 일단 처우 개선에 대한 법적인 노력과 활동이 전무한 상황이며, 청소년 수련 시설을 운영하고 있는 지방 자치 단체나 위탁 법인의 방침에 따라 보수 기준이 서로 다르게 책정되어 현장에서도 차이가 많이 발생하고 있다. 즉 같은 일을 하고 있는 청소년 지도사라 하더라도, 서울특별시 광진구에서 근무하는 사람과 부산광역시 사상구에서 근무하고 있는 청소년 지도사의 급여는 각기 제각각인데, 이는 전국적으로 공통의 기준을 사용하고 있는 사회 복지사와는 비교되는 부분이다.

따라서 청소년 지도사들의 열악한 처우와 근로 조건을 개선하기 위해서는 우선 그들이 받는 임금 현황과 근무 실태에 대한 체계적인 조사가 필요하다. 보수 체계는 어떻게 되어 있는지, 왜 지도사들이 근로 조건 때문에 그토록 힘들어하며, 심지어 이직을 고민하거나 실제로 현장을 떠날 수밖에 없는 지에 귀 기울여야 하는 것이다. 특히 이러한 공공시설을 직접적으로 운영하는 지방 자치 단체의 책임감을 높이기 위해서라도 관련 예산에 대한 분석을 포함한 실태 조사가 반드시 선행되어야 한다. 두 번째로, 청소년 지도사들이 활동하고 있는 시설들의 유형에 따른 직무별 보수 수준을 유사 직업군의 급여 수준과 객관적으로 꼼꼼히 비교해주는 자료의 확보가 필요하다. 청소년 수련원, 청소년 수련관, 청소년 문화의집, 유스호스텔 등 청소년 수련 시설도 각 기능과 역할에 따라 시설별로 보수의 차이가 발생하기 나름인데, 이를 일목요연하게 정리해둔 자료가 있어야 청소년 지도사들이 유사 직업군의 사례와 일일이 비교하며 개선을 요구할 수 있기 때문이다. 세 번째로, 중앙 정부 차원에서 청소년 지도사 보수 가이드라인을 마련하여 지방 자치 단체에 제시해야 한다. 보건복지부에서 그와 같은 가이드라인을 제시하는 사회 복지사의 경우와 같이, 직위와 호봉, 각종 수당 등에 대한 세부적인 내용을 담은 가이드라인을 지방 자치 단체에 제시함으로써 그에 근거해 급여를 책정할 수 있도록 유도해야 하는 것이다. 마지막으로, 청소년 관련 법령 개정을 통하여 중앙 정부와 지자체가 청소년 지도사들의 보수에 대한 실태를 조사하고 그 체계를 관리할 의무가 있음을 명문화해야 하며, 이러한 법령을 준수할 수 있는 다각적인 방안을 마련해 실제 현장에 적용할 수 있도록 하는 것도 결코 빼놓을 수 없겠다.

직무로 인한 소진에 응답하라!

"소진"이란 휴먼 서비스 종사자들이 모든 일에 대해 관심과 열정을 잃고, 피로와 상실감을 느끼는 상태를 의미한다. 그래서 소진은 결국 서비스 대상자에 대해 부정적인 인식을 갖거나 부적절한 태도를 보이는 결과로 이어지고, 자기 자신에 대해서도 부정적인 평가를 하게 만든다. 특히 청소년 지도사는 청소년을 대상으로 하는 직업적 특성상 주말과 휴일, 야간 근무에 많은 시간을 할애할 수밖에 없는데, 그로 인해 타 휴먼서비스 직업군에 비해서 소진을 경험할 수 있는 가능성이 높은 직업 환경에 노출되어 있다. 그만큼 개인의 생활이 보장되지 않고, 휴식과 재충전의 기회도 제대로 주어지지 않기 때문이다.

또한 청소년과 고민을 나누고 활동을 함께하는 데에 집중할 수 있는 환경이 갖춰지지 않다보니 일에 대한 몰입도가 떨어져 잦은 이직이나 퇴직으로 이어지는 경우도 많다. 이는 곧 청소년 수련 시설의 안정적인 운영에도 해로운 결과로 이어지며, 당연히 청소년과 청소년 활동에도 매우 부정적인 영향을 미치게 된다.

표4. 청소년 지도사 직무 소진 경험 분석 결과[*]

범주	하위범주	원인	세부내용
성취감 감소	정체성 혼란	기능과 본질 혼란	현장과 청소년 지식 간 괴리감
		반복되는 업무	항상 해야 할 업무가 겹침
		전공에 대한 아쉬움	전문가 인식이 아닌 인솔교사 취급
	근무의욕상실	낮은 보수	낮은 보수로 인한 이직률 증가
		정당한 보상 미흡	경력이 많아도 같은 급여
		근무시간 한계없음	잦은 야간 및 휴일 근무
		업무 과부하	인력 부족 등으로 인한 노동강도 심화
		사생활 약화	개인적 생활이 없는 근무환경
정서적 고갈	직무 모호성	과도한 역할	구체적 직무 역할이 명시되지 않음
		사업, 행정 업무 치중	행정 중심의 업무
		현장 활동 제약	프로그램이 아닌 보조 지도자 대우
	낮은 자율성	프로그램 전달자	기계적 프로그램 전달자 인식
		의사결정 배제	기관 내 의사결정 권한 없음
		통제된 직무	자율성 없는 의사 소통 구조

* 청소년시설환경 제12권 제4호(2014년 11월) / 청소년 지도사의 직무 소진 경험에 관한 질적 연구 / 이명호

범주	하위범주	원인	세부내용
정서적 고갈	열악한 근무환경	열악한 시설	세부적 지원이 없는 시설 운영
		타 부서 동료와 갈등	잦은 동료 간 의견충돌
		불안한 미래	정규직이 아닌 계약직 신분
자존감 결여	무능감	비자발적 대상자	수동적이고 참여율이 낮은 청소년
		자기에 대한 회의감	육체적, 정신적 피로감
		자기개발 기회부족	반복되는 업무로 인한 탈진
	낮은 사회적지지	동료지지 부족	상사의 잦은 간섭
		부당한 요구	낮은 사회적 인식으로 부당한 요구

이렇게 청소년 지도사들이 겪고 있는 직무 소진의 경험을 줄이기 위해서는, 앞서 언급했듯이 역할에 걸맞은 합리적인 보상 체계가 갖춰져 실질적인 생활 수준의 향상이 이뤄질 수 있도록 하는 게 우선이다. 즉, 경력과 야간, 주말, 휴일 근무에 따른 보상이 적절하게 이뤄질 수 있는 체계를 갖춤으로써 전공 지식과 전문성을 발휘할 수 있는 물적 토대를 마련해 직업적 성취감을 느끼게 하고, 그를 통해 소진을 극복할 수 있는 힘을 제공해주어야 하는 것이다. 또한 해당 업무와 관련된 사항들을 표준화 하여, 행정과 서류 작업에만 치중하지 않고 청소년들과 현장에서 발로 뛸 수 있는 환경을 만드는 것도 급선무다. 마지막으로 자율적인 의사 결정을 할 수 있도록 역할을 부여하고, 고용 불안과 동료와의 갈등을 해소하여 정서적 고갈을 극복할 수 있는 방안을 마련해주어야 하며, 사회적 인식과 지위 향상을 통해 자존감을 회복할 수 있는 제도적 장치를 마련하는 것도 빼놓을 수 없다.

짧은 위탁 기간, 잦은 지도 점검과 평가에 응답하라!

사례1 청소년 문화의집에서 청소년 활동을 총괄하는 팀의 팀장으로 근무하던 A씨는 얼마 전 그 곳을 위탁받아 운영해오던 법인이 변경된 뒤 갑작스레 퇴사를 종용받게 되었다. 바뀐 운영 법인은 A씨의 업무를 대신할 팀장을 데려올 예정이니 서로 얼굴 붉히지 말고 자진 퇴사해주는 게 좋지 않겠냐고 사표를 강권했고, 고민 끝에 A씨는 결국 퇴사를 결심해야 했다.

사례2 청소년 수련관에서 청소년 사업 및 활동을 총괄 운영하고 있는 경력 16년차의 운영부장 B씨는 3년으로 정해진 해당 수련관의 위탁 운영기간이 만료되어감에 따라 재계약 평가를 받게 된다. 그런데 평가 담당자는 시설의 특수성은 전혀 고려하지 않은 채 중장기 발전 계획서와 단위 사업 계획서를 통째로 제출하라고 요구하고, 강의실 최대 수용 인원이 20명임에도 불구하고 프로그램 정원을 왜 30명으로 늘리지 않았느냐는 식의 엉뚱한 지적들을 해왔다. 결국 그는 고민이 없고 발전적이지 않다는 평가 의견을 첨부한 결과 보고서를 받아들고는 허탈감을 감추지 못하고 있다.

사례3 청소년 문화의집에서 업무지원 팀장으로 근무하고 있는 경력 13년차의 업무팀장 C씨는 여성가족부에서 2년에 한 번씩 실시하는 종합 평가를 그 해 5월과 6월에 받았다. 그 직후 문화의집을 관리 감독하는 지방 자치 단체로부터 8월에 재계약을 위한 종합 평가를 실시하고, 9월에는 문화의집 운영 전반에 대한 지도점검이 이뤄지며, 10월 말과 11월 초에 한 해의 운영 실적 평가를 시행하겠다는 공문이 날아들었다. 그는 이렇게 쉴 새 없이 이어지는 평가를 준비하느라 직원들과 밥 한 끼 같이 나눈 게 언제인지, 이제는 기억조차 가물가물하다.

표5. 사회복지시설 및 청소년수련시설 위탁기간 비교표

구분	위탁기간	비고
서울특별시 사회복지시설	5년	2013.07.01.부터 적용
서울특별시 청소년수련시설	3년	3년 위탁 후 종합평가 및 적격심사 후 2년 재계약

현재 서울시를 기준으로 사회 복지 시설과 청소년 수련 시설의 위탁 운영 기간은 표5와 같이 각각 5년과 3년으로 다르다. 사회 복지 시설의 경우 적격심사 결과에 따라 3년에서 5년으로 차등 적용하던 기준을 2013년 7월부터 5년으로 일괄 적용하고 있으며, 이후 종합 평가와 적격 심사를 거쳐 5년을 더 연장해주고 있다. 이렇게 긴 기간을 보장받는 덕분에 사회 복지 시설은 안정적인 운영과 더불어 시설 종사자의 고용 안정 등으로 복지 서비스의 질이 향상되는 결과를 이끌어낼 수 있었다. 이에 반해 청소년 시설 같은 경우에는 위탁 운영 기간을 3년으로 정하고 있으며, 그 기간이 지나면 역시 종합 평가와 적격 심사를 통해 2년의 기간을 연장하여 재계약 하는 형태로 운영하고 있다. 즉 사회 복지 시설에 비해 절반밖에 운영 기간을 보장받지 못하는 셈이다. 이렇게 운영 주체가 수시로 바뀐다는 것은 그만큼 청소년 지도사들의 고용 안정이 위협받게 되는 결과로 직결되게 된다. 예를 들어 A라는 법인이 운영하고 있던 청소년 수련관의 운영 주체가 B라는 법인으로 변경되게 되면, 그와 동시에 직원들도 물갈이되는 경우가 허다하다. 물론 80%의 인력에 대해 고용을 유지하고 승계하는 조건이 의무 사항으로 규정돼 있기는 하나, 이를 뒤집어 해석하면 나머지 20%의 인력에 대해서는 고용 승계를 하지 않아도 된다는 것을 의미한다. 약 30명이 근무하는 시설에 이 비율을 대입해보면, 무려 6명의 인원이 위탁 운영 법인의 변

경으로 하루아침에 정든 직장을 떠나야 할 수도 있는 것이다. 그리고 청소년 지도사의 이러한 잦은 이직과 고용 불안은 서비스 대상자인 청소년에게 그 피해가 고스란히 옮겨갈 수 있음을 간과해서는 안 된다. 불과 얼마 전까지만 해도 함께 울고 웃으며 활동을 이끌던 청소년 지도사가 어느 날 소리 소문도 없이 사라지는 상황을 지켜보면서, 한창 사람과의 관계 형성과 신뢰를 배워갈 시기의 아이들이 느끼게 될 상실감은 과연 누가 책임질 수 있을까.

서울특별시 청소년시설 지도점검 계획 통보 공문

수신　수신자참조

(경유)

제목　시립 청소년시설 지도·점검 계획 통보

---

1. 2018년 시립청소년시설 지도·점검계획(청소년정책과-6687, '18.4.6.)호와 관련입니다.
2. 청소년기본법 제19조(청소년시설의 지도·감독) 및 서울특별시 행정사무의 민간위탁에 관한 조례 제16조(지도·점검) 규정에 의거 시립청소년시설 지도·점검 계획을 아래와 같이 통보하오니, 해당 시설에서는 지도·점검이 원활이 진행될 수 있도록 적극 협조하여 주시기 바랍니다.

가. 지도·점검 개요

○ 점검대상 : 청소년시설 26개소(붙임3 참조)

※ 그 외 청소년시설 30개소는 종합성과평가 실시

○ 점검기간 : '18. 5. 2(수) ~ 6. 1(금) (※ 1개 시설당 2~3일간 실시)

○ 점검반 편성·운영 : 청소년정책과 직원 7개반 17명

○ 점검범위 : 최근 3년간 시설운영 실태 전반

※ 단, 은평미래진로센터의 경우 위탁기간 내 운영실태 점검('17.9.10이후)

나. 협조 사항

○ 점검 자료 준비 및 해당시설 점검자와 사전 일정협의

○ 지적사항에 대한 시정조치결과 제출 : '18. 6. 15(금).

붙임 1. 점검반 평성 1부.

2. 지도·점검 결과보고(조치결과) 양식 1부

3. 지도·점검 대상 명단 1부. 끝.

또한 잦은 지도 점검과 평가의 문제도 지적하지 않을 수 없다. 서울시립 청소년 시설의 경우에는 위와 같이 연 1회 이상 서울시의 지도 점검을 받고 있으며, 이 외에도 2년마다 실시하는 여성가족부의 평가와 매년 실시하는 서울시의 청소년 시설 운영 실적 평가를 받고 있다. 그리고 그게 다가 아니다. 여기에다 3년의 위탁 운영 기간이 끝난 뒤 재계약 여부를 판단하기 위해 실시하는 종합 성과 평가도 기다리고 있다. 과장을 좀 보태 말하자면, 청소년 지도사들은 지도 점검으로 한 해를 시작해 평가로 한 해를 마무리한다고 할 수 있는 것이다.

이는 몇 가지 중요한 문제점을 노출하고 있는데, 먼저 각각의 평가 마다 목적과 지표가 다르고, 지역적 특성을 고려하여 각 시설별로 정성 평가를 하기보다는 획일화된 정량 평가에 치중한다는 점이 문제로 지적된다. 둘째, 이런 평가가 시설 운영에 대한 전문성을 파악하고 청소년과 청소년 활

동에 대한 긍정적인 방향을 제시하기 보다는 서열 위주의 평가를 통해 차별적 인센티브를 제공하는 수단으로 활용됨으로써, 시설과 시설 간, 지도사와 지도사 간의 위화감을 조성하고 있다는 점이다. 마지막으로 평가 자체가 청소년 지도사에 대한 인터뷰와 설문 조사 방식이 아닌 사업과 프로그램을 문서로 정리해 제출하는 형태로 진행되다 보니 행정 업무가 과중해지고, 이는 지도사들이 청소년 활동의 질적 향상을 위해 노력해야 할 시간을 평가 문서 작성에 죄다 빼앗기는 결과로 이어지고 있다.

물론 청소년 시설과 거기에 종사하는 지도사들에 대한 평가는 아주 중요하고, 그 자체의 필요성까지 부정하고자 하는 건 아니다. 평가와 더불어 안전에 관한 사항도 점검하고, 보다 좋은 환경에서 보다 많은 청소년들에게 다양한 프로그램을 제공할 방안을 고민하는 걸 반대할 지도사가 누가 있겠는가. 다만 평가를 위한 평가를 지양하고, 객관적인 지표에 따라 시설의 유형과 특성을 반영한 정책 중심의 전문적인 평가로 과감히 전환할 필요가 절실하다.

청소년 육성 전담 공무원 배치에 응답하라!

청소년 육성 전담 공무원이란, 청소년 기본법 제25조에 의거해 청소년 육성 및 정책에 관한 업무를 담당하기 위하여 시군구와 읍면동에 배치된 청소년 지도사나 상담사의 자격을 가진 공무원을 의미하며, 지방공무원법 제2조에 의거해 특정한 업무를 담당하기 위하여 별도의 자격기준에 따라 임용되는 공무원으로서, 법령 또는 조례에서 지정하는 특수 경력직 공무원이라고 할 수 있다.

대구광역시 수성구 청소년육성전담공무원의 역할 및 임용 등에 관한 조례

제1조(목적)

이 조례는 「청소년 기본법」 제25조에 따라 대구광역시 수성구 청소년들의 활동을 지원하고 청소년의 복지를 증진하며 근로 청소년을 보호하는 한편, 사회 여건과 환경을 청소년에게 유익하도록 개선하고 청소년을 보호하여 청소년에 대한 교육을 보완함으로써 청소년의 균형 있는 성장을 돕기 위하여 임용하는 청소년육성전담공무원의 역할 및 임용 등에 필요한 사항을 규정함을 목적으로 한다.

제2조(청소년육성 전담공무원)

① 대구광역시 수성구청장(이하 "구청장"이라 한다)은 대구광역시 수성구(이하 "수성구"라 한다) 또는 「청소년 기본법」 제26조에 따른 청소년육성 전담기구에 청소년육성전담공무원(이하 "전담공무원"이라 한다)을 둘 수 있다.

② 구청장은 전담공무원에게 수성구의 청소년육성 업무 외에 다른 업무를 수행하게 하여서는 아니 된다.

그러나 지금 이 순간 서울특별시 내 25개 자치구 중에서 청소년 육성 전담 공무원 제도를 시행하고 있는 자치구는 아예 전무한 게 현실로, 그 결과 청소년 육성과 정책 업무가 따로따로 추진돼 사업이 중복되거나 사각 지대가 발생하는 등의 문제가 발생하고 있다. 또한 각 지방 자치 단체의 여건과

단체장의 청소년 업무에 대한 관심도에 따라 지역별로 청소년 정책의 격차도 발생하고 있는데, 이는 모두 청소년 육성 전담 공무원이 실종된 현실에서 비롯된 결과라고 볼 수 있다.

따라서 청소년 육성 및 정책 업무를 총괄할 수 있는 청소년 육성 전담 공무원 제도의 즉각적인 시행이 시급하며, 청소년 지도사가 그 역할을 수행할 수 있도록 함으로써 지역 여건과 청소년들의 현실에 맞는 청소년 정책을 총괄할 수 있도록 유도해야 한다. 그를 위해 우선 각 지방 자치 단체에서는 청소년 육성 전담 공무원 제도의 시행을 위한 조례를 지정해야 할 것이며, 조례에는 해당 공무원의 구체적인 역할과 임무, 임용 형태, 자격 요건 등 시행에 필요한 사항이 전반적으로 담길 수 있도록 해야 한다.

나가며

내가 다니던 고등학교는 서울의 어느 산 중턱에 위치한 유명 사립 남자 고등학교였다. 당시 여자 고등학교와 외국어고, 중학교까지 갖춘 꽤 큰 규모의 사립재단에서 운영하던 그 학교에는 훤칠한 키에 백발의 머리를 흩날리던 남자 체육 선생님이 한 분 계셨는데, 바로 나의 1학년 담임 선생님이었다. 항상 선글라스를 쓴 카리스마 넘치는 모습의 선생님은 시험 성적표만 나오면 평균 점수에 미달되는 만큼 우리에게 '사랑의 매'를 선사할 정도로 성적에는 관심이 많은 분이셨으나, 딱 거기까지였다. 조례와 종례는 건너뛰기 일쑤였고, 야간 자율 학습 감독도 하는 둥 마는 둥이었으며, 그런 선생님과 차분히 앉아 대화를 나눈다는 건 우리에게는 대통령과 스타크래

프트를 하는 것만큼이나 불가능한 현실로 느껴졌다. 그럼에도 선생님은 교사들 사이에서는 승승장구를 거듭해, 나중에 내가 졸업한 뒤에는 교감을 거쳐 교장 자리에까지 올랐다는 소식이 들려왔다. 그렇게 바쁜 데는 다 그만한 이유가 있었던 것이다.

반면 그런 담임 선생님을 대신해 그나마 선생님에 대한 '갈증'을 해소해준 사람은 보조 담임이라는 이름으로 우리 반을 담당하던 한 젊은 '형'이었다. 당시 마이클 조던과 샤킬 오닐에 열광하던 사춘기의 우리들은 틈만 나면 그 형과 어울려 농구를 즐겼고, 시합이 끝나면 그 형에게 다른 어른들에게는 털어놓지 못했던 고민이나 학교 생활에 대한 불만을 토로하곤 했다. 자연히 반 친구들 사이에서 형의 인기는 폭발적일 수밖에 없었고, 나 또한 예외는 아니었다. 특히 형은 대학 진학을 고민하던 나에게 아직 생소한 학과이긴 하지만 청소년지도학과라는 곳이 있으니 한번 관심을 가져보라고 추천해준 바로 그 당사자였다. 당시 모의고사를 치고 난 뒤 대학과 학과를 지정하여 가상으로 지원하면 합격 여부를 알려주는 서비스가 있었는데, 다행히 내가 원하는 대학의 청소년학과에는 늘 합격이 가능하다는 결과가 나왔다. 그렇게 자신감도 치솟고, 직접 그 대학을 찾아가볼 만큼 관심도 높아진 나는 결국 실제로 그 학과에 지원해 합격했고, 졸업 후에는 청소년 지도사 자격을 취득해 오늘에까지 이르게 되었다.

이런 개인사에다 그동안 만난 수많은 아이들 가운데 한 아이의 이야기를 덧붙이는 것으로 이제 글을 맺을까 한다. 대학을 졸업하고 현장에 갓 배치된 초보 지도사 시절, 5박 6일 동안 덕유산을 종주하는 겨울 산행 캠프를 진행하게 됐는데, 당시 약 50여 명의 아이들 중 샛별이라는 이름의 초등학교 5학년 남자 아이가 있었다. 늦둥이로 태어나 부모님과 할머니, 9살 터울의 누나로부터 온갖 귀여움을 독차지하고 자란 샛별이는 남을 배려하기 보다는 항상 자기 것만 챙기는 데에 익숙한 전형적인 온실 속 화초 같은 아이였고, 그 때문에 그 아이는 물론이거니와 생 초짜 지도사였던 나도 이만저만 고생을 한 게 아니었다. 그 전까지 단 하루도 부모와 떨어져 있어본 적이 없었던 샛별이에게는 온종일 산길을 걸으며 직접 밥을 해먹고 팀원들과도 어울려야 하는 산행 프로그램이 육체적으로도 그렇고 정신적으로도 넘기 힘든 일생일대의 고비였을 것이며, 그런 샛별이를 챙겨야하는 입장의 나는 나대로 여간 신경이 쓰이는 게 아니었던 것이다. 그러나 다행히 샛별이는 형, 누나들이 도와주고 끌어준 덕분에 무사히 캠프를 완주할 수 있었고, 그 뒤로 고등학교 3학년 때까지 매년 산행 캠프에 개근하는 아이가 되었다. 그리고 그 시간의 길이만큼이나 우리 둘 사이의 인간적인 끈도 길고 튼튼하게 이어져, 이제는 어엿한 대학생이 된 샛별이와는 지금도 가끔 만나서 이런저런 조언을 하고 서로 살아가는 이야기를 나누는 관계를 유지해오고 있다.

이렇듯 오래 전 그 '형'으로부터 받은 긍정적 영향을 나는 이제 내가 일하는 공간에서 만난 아이들에게 또 다른 '형'이자 '선생님'으로서 되돌려주고 있다. 그리고 샛별이 같은 아이들도 언젠가는 내게서 받은 도움을 후배들에게 똑같이, 아니 몇 배의 크기로 대물려 주리라 굳게 믿는다. 이것이 바로 내가 청소년 현장에서 지도사로 버티며 살아갈 수 있는 힘이자 근거이다. 지금도 전국에서 많은 청소년들과 함께 고민하고, 그들이 삶의 건강한

주체가 될 수 있도록 지지해주고 격려해주는 청소년 지도사들을 응원하며, 우리가 좀 더 신명나게 일할 수 있는 환경과 제도가 마련될 날이 하루빨리 오기를 기원해본다.

부록

부록 1

청소년 관련 전공대학 및 학과목록

	학교	종류	학과
1	가톨릭대학교	사회복지대학원	청소년복지학과
2	강남대학교	교육대학원	청소년상담전공
3	경기대학교	대학교	청소년학과
4	경기대학교	교육대학원	청소년지도상담교육
5	경기대학교	일반대학원	청소년학과
6	경북과학대학교	전문대학	사회복지·청소년전공
7	경운대학교	대학교	청소년상담복지학과
8	계명대학교	교육대학원	청소년상담전공
9	고구려대학교	전문대학	청소년복지상담과
10	고려사이버대학	원격대학	청소년상담학과
11	공주대학교	교육대학원	청소년교육·상담
12	광운대학교	상담복지정책대학원	사회복지학과 아동청소년전공
13	광주대학교	대학교	청소년상담·평생교육학과
14	군장대학교	전문대학	청소년교육지도과
15	나사렛대학교	대학교	사회복지학부 청소년복지학전공
16	대구과학대학교	전문대학	아동청소년지도과
17	대구한의대학교	대학교	청소년교육상담학과
18	대구한의대학교	일반대학원	청소년교육상담학과
19	대원대학교	전문대학	청소년지도과
20	대전대학교	상담대학원	아동청소년상담학과
21	동서대학교	대학교	청소년상담심리전공
22	동아보건대학교	대학교	청소년·평생교육복지전공
23	동의대학교	대학교	평생교육·청소년상담학과
24	동의대학교	교육대학원	청소년교육·상담

	학교	종류	학과
25	디지털서울문화예술대학교	원격대학	평생교육·청소년학과
26	명지대학교	사회교육대학원	청소년지도학과
27	명지대학교	대학교	청소년지도학과
28	명지전문대학교	전문대학	청소년교육복지과
29	백석대학교	대학교	사회복지학부 청소년학과
30	백석대학교	상담대학원	청소년상담학
31	백석문화대학교	전문대학	아동청소년복지전공
32	부산디지털대학교	원격대학	아동청소년상담학전공
33	상명대학교	복지상담대학원	아동·청소년 상담학과
34	서울사이버대학교	원격대학	청소년복지
35	서울여자대학교	대학교	청소년지도(연계전공)전공
36	서정대학교	대학교	아동청소년보육과
37	성균관대학교	대학교	사회과학대학 아동·청소년학과
38	성균관대학교	일반대학원	아동·청소년학과
39	성산효대학원대학교	대학교	청소년지도학과
40	세계사이버대학교	원격대학	청소년복지상담학과
41	수원대학교	교육대학원	청소년교육
42	수원여자대학교	대학교	레저스포츠과 스포츠청소년지도전공
43	순복음총회신학교	대학교	청소년스포츠상담복지학과
44	순천향대학교	대학교	청소년교육·상담학과
45	순천향대학교	일반대학원	청소년교육학과
46	숭실사이버대학교	원격대학	청소년코칭상담학과
47	안양대학교	교육대학원	청소년상담교육
48	전북대학교	교육대학원	청소년교육전공

	학교	종류	학과
49	전주대학교	상담심리대학원	아동·청소년상담학과
50	중앙대학교	사회복지대학원	청소년학과
51	중앙대학교	일반대학원	청소년전공
52	초당대학교	대학교	공공행정학부 아동청소년상담학과
53	초당대학교	산업대학원	아동청소년상담학과
54	충북보건과학대학교	전문대학	청소년문화복지과
55	칼빈대학교	대학교	아동청소년복지상담학과
56	평택대학교	대학교	아동청소년복지학과
57	평택대학교	사회복지대학원	아동청소년복지학과
58	평택대학교	상담대학원	아동청소년상담학과
59	평택대학교	일반대학원	아동청소년학과
60	한국방송통신대학교	원격대학	청소년교육과
61	한국방송통신대학교	일반대학원	청소년교육학과
62	한국복지사이버대학	원격대학	청소년복지상담학과
63	한국체육대학교	대학교	스포츠청소년지도전공
64	한남대학교	사회문화·행정복지대학원	청소년지도학과
65	한려대학교	대학교	사회복지청소년복지학과
66	한서대학교	일반대학원	아동청소년복지학과
67	한서대학교	대학교	아동청소년복지학과
68	한양사이버대학교	원격대학	청소년상담학과
69	호서대학교	대학교	청소년문화·상담학과
70	호서대학교	문화복지상담대학원	청소년문화·상담학
71	호서대학교	일반대학원	청소년문화·상담학과

부록2

전국
공공 청소년 시설 목록

1. 서울

	시군구	읍면동	시설명	설치주체	시설종류	운영단체(운영자)
1	강남구	수서동	수서청소년수련관	시립	수련관	(사)한국청소년세상
2	강남구	역삼동	역삼청소년수련관	구립	수련관	(사)홀리비전
3	강남구	삼성동	서울시립청소년드림센터	시립	특화시설	(재)한국천주교 살레시오회
4	강남구	청담동	강남청소년수련관	구립	수련관	(사)한국와이더블유씨에이연합회후원회
5	강동구	강일동	강동청소년수련관	시립	수련관	(사)한국청소년연맹
6	강북구	수유동	강북청소년수련관	시립	수련관	학교법인 광운대학교
7	강서구	내발산동	강서청소년회관	구립	수련관	(사)흥사단
8	강서구	화곡동	화곡청소년수련관	시립	수련관	(사)흥사단
9	관악구	대학동	관악청소년회관	구립	수련관	(사)온터두레회
10	광진구	광장동	광진청소년수련관	시립	수련관	(사)흥사단
11	구로구	구로동	구로청소년수련관	시립	수련관	(사)청소년교화연합회
12	구로구	궁동	구로청소년문화의집	구립	문화의집	(사)한국청소년재단
13	금천구	시흥동	금천청소년수련관	시립	수련관	(재)푸른나무 청예단
14	노원구	상계동	노원청소년수련관	시립	수련관	(재)푸른나무 청예단
15	노원구	공릉동	공릉청소년문화정보센터	구립	문화의집	성공회대학교 산학협력단
16	도봉구	쌍문4동	도봉구립쌍문동청소년문화의집	구립	문화의집	(사)청소년교육전략21
17	도봉구	창3동	창동청소년문화의집	구립	문화의집	(사)한국청소년지원네트워크
18	도봉구	창4동	창동청소년수련관	시립	수련관	광운학원(광운대학교)
19	도봉구	도봉동	북한산생태탐방연수원	국립	수련원	국립공원관리공단
20	동대문구	청량리동	동대문청소년수련관	시립	수련관	(사)한국청소년연맹
21	동작구	사당동	사당청소년문화의집	구립	문화의집	(사)청소년교육전략21
22	동작구	상도동	동작청소년문화의집	구립	문화의집	(사)청소년교육전략21
23	동작구	신대방동	보라매청소년수련관	시립	수련관	(재)서울가톨릭청소년회
24	동작구	신대방동	청소년활동진흥센터	시립	특화시설	(사)한국청소년연맹
25	마포구	성산동	마포청소년수련관	시립	수련관	(학) 명지학원 명지전문대학
26	마포구	상암동	마포청소년문화의집	구립	문화의집	(사)한국청소년재단
27	마포구	도화동	도화청소년문화의집	구립	문화의집	(사)한국청소년재단
28	마포구	망원동	구립망원청소년문화센터	구립	문화의집	(사)한국청소년지원 네트워크

	시군구	읍면동	시설명	설치주체	시설종류	운영단체(운영자)
29	서대문구	연희동	서대문청소년수련관	시립	수련관	(사)한국청소년재단
30	서대문구	홍은동	홍은청소년문화의집	구립	문화의집	(사)한국청소년재단
31	서초구	방배3동	방배유스센터	구립	수련관	(재)푸른나무 청예단
32	서초구	서초3동	서초유스센터	구립	수련관	(재)서울가톨릭청소년회
33	성동구	금호동3가	성동청소년문화의집	구립	문화의집	서울YWCA
34	성동구	행당동	성동청소년수련관	시립	수련관	(재)서울가톨릭청소년회
35	성북구	장위동	성북청소년수련관	시립	수련관	(사)한국청소년한마음연맹
36	송파구	마천동	마천청소년수련관	구립	수련관	(재)행복함께나누는재단
37	송파구	문정동	송파청소년수련관	구립	수련관	(사)한국청소년연맹
38	양천구	목1동	목동청소년수련관	시립	수련관	(재)대한불교조계종 유지재단
39	양천구	신월3동	신월청소년문화센터	구립	문화의집	(재)한국천주교 살레시오수녀회
40	영등포구	문래동	문래청소년수련관	시립	수련관	(재)송석교육문화재단
41	영등포구	신길동	영등포청소년문화의집	구립	문화의집	영등포문화재단
42	영등포구	영등포	청소년직업체험센터	시립	특화시설	학교법인 연세대학교
43	영등포구	영등포	청소년성문화센터	시립	특화시설	(재)한국기독교청년회유지재단
44	영등포구	영등포	하이서울유스호스텔	시립	유스호스텔	(사)한국청소년연맹
45	용산구	갈월동	청소년미디어센터	시립	특화시설	(재)푸른나무 청예단
46	용산구	이촌동	용산청소년수련관	구립	수련관	용산구시설관리공단
47	용산구	원효로1동	용산청소년문화의집	구립	문화의집	용산구시설관리공단
48	은평구	응암동	은평청소년수련관	시립	수련관	(사)엔젤스헤이븐
49	은평구	역촌동	은평청소년문화의집 신나는애프터센터	구립	문화의집	(사)열린사회시민연합
50	중구	수표동	서울청소년수련관	시립	수련관	(사)한국청소년육성회
51	중구	신당동	중구청소년수련관	구립	수련관	(사)대한청소년 성경구락부
52	중구	예장동	청소년문화교류센터	시립	특화시설	대산문화재단
53	중구	예장동	서울유스호스텔	시립	유스호스텔	(사)흥사단
54	중랑구	망우동	망우청소년수련관	시립	수련관	(재)서울기독교청년회 유지재단
55	중랑구	면목동	중랑청소년수련관	시립	수련관	(사)한국청소년연맹
56	노원구	상계동	상계청소년문화의집	구립	문화의집	(재)푸른나무 청예단
57	성북구	정릉동	성북청소년문화의집	구립	문화의집	한국스카우트연맹
58	송파구	잠실동	송파청소년문화의집	구립	문화의집	위탁체 선정 중

2. 부산

	시군구	읍면동	시설명	설치주체	시설종류	운영단체(운영자)
1	금정구	부곡동	금정청소년수련관	시립	수련관	(재)범어청소년동네
2	기장군	정관면	기장군청소년수련관	군립	수련관	기장군도시관리공단
3	기장군	장안읍	기장문화예절학교	군립	수련원	기장군도시관리공단
4	부산진구	양정동	양정청소년문화의집	시립	문화의집	(재)안국청소년도량
5	부산진구	양정동	양정청소년수련관	시립	수련관	(재)안국청소년도량
6	부산진구	부전동	부산진구청소년문화센터	구립	문화의집	(사)SFC청소년교육센터
7	부산진구	전포동	부산진구청소년문화의집	구립	문화의집	재단법인부산기독교청년회유지재단
8	북구	금곡동	금곡청소년수련관	시립	수련관	(사)삼동청소년회
9	북구	만덕동	북구청소년문화의집	구립	문화의집	(사)삼동청소년회
10	사상구	모라동	사상구청소년수련관	구립	수련관	(재)부산YMCA
11	서구	서대신동	구덕청소년수련관	구립	수련관	(재)내원청소년단
12	서구	서대신동	구덕야영장	구립	야영장	(재)내원청소년단
13	서구	남부민동	서구청소년문화의집	구립	문화의집	서구청장
14	수영구	광안동	금련산청소년수련원	시립	수련원	부산광역시장
15	영도구	동삼동	함지골청소년문화의집	시립	문화의집	(재)내원청소년단
16	영도구	동삼동	함지골청소년수련관	시립	수련관	(재)내원청소년단
17	중구	보수동	중구청소년문화의집	구립	문화의집	(재)내원청소년단
18	사하구	다대동	사하구청소년문화의집	구립	문화의집	(재)내원청소년단
19	해운대구	반송동	반송2동청소년문화의집	구립	문화의집	해운대구청장
20	해운대구	반송동	해운대청소년문화의집	구립	문화의집	해운대구청장
21	해운대구	재송동	해운대청소년수련관	구립	수련관	대한적십자사
22	해운대구	재송동	재송동청소년문화의집	구립	문화의집	대한적십자사

3. 대구

	시군구	읍면동	시설명	설치주체	시설종류	운영단체(운영자)
1	중구	봉산동	중구청소년문화의집	구립	문화의집	대구시 중구청(직영)
2	동구	신천동	동구청소년문화의집	구립	문화의집	(사)대한불교조계종마하야나불교문화원
3	서구	이현동	서구청소년수련관	구립	수련관	함께하는 마음재단
4	남구	대명동	대구광역시청소년문화의집	시립	문화의집	대구청소년지원재단
5	남구	대명동	대구광역시 남구청소년창작센터	구립	특화시설	대구광역시 남구청
6	북구	산격2동	북구청소년회관	구립	수련관	(재)대구광역시북구청소년육성재단
7	수성구	황금동	수성구청소년수련관	구립	수련관	(사)마하야나불교문화원
8	수성구	범물동	수성구청소년수련원	구립	수련원	(사)마하야나불교문화원
9	달서구	상인동	달서구청소년수련관	구립	수련관	(사)마하야나불교문화원
10	달서구	송현동	대구광역시청소년수련원	시립	수련원	(재)대구가톨릭청소년회
11	달성군	논공읍	달성군청소년센터	군립	수련관	(재)달성복지재단
12	달성군	가창면	달성군청소년문화의집	군립	문화의집	(재)달성복지재단
13	달성군	유가면	비슬산유스호스텔	군립	유스호스텔	달성군시설관리공단

4. 인천

	시군구	읍면동	시설명	설치주체	시설종류	운영단체(운영자)
1	남동구	장수동	인천광역시청소년수련관	시립	수련관	인천광역시시설관리공단
2	동구	송림동	동구청소년수련관	구립	수련관	동구
3	남구	숭의동	인천광역시남구청소년수련관	구립	수련관	(재)성산청소년효재단
4	연수구	동춘동	연수구청소년수련관	구립	수련관	(재)가톨릭아동청소년재단
5	남동구	만수동	남동청소년문화의집	구립	문화의집	남동구
6	부평구	삼산동	부평구청소년수련관	구립	수련관	(재)인천부평구문화재단
7	계양구	방축동	계양구청소년수련관	구립	수련관	계양구시설관리공단
8	서구	원창동	서구청소년수련관	구립	수련관	서구시설관리공단
9	서구	연희동	연희청소년문화의집	구립	문화의집	서구시설관리공단
10	서구	가정동	가정청소년문화의집	구립	문화의집	서구시설관리공단
11	서구	마전동	검단청소년문화의집	구립	문화의집	서구시설관리공단
12	강화군	강화읍	강화군청소년수련관	군립	수련관	강화군시설관리공단
13	강화군	강화읍	강화군청소년문화의집	군립	문화의집	강화군시설관리공단

5. 광주

	시군구	읍면동	시설명	설치주체	시설종류	운영단체(운영자)
1	광산구	쌍암동	광산구청소년수련관	구립	수련관	(재)광주기독교청년회유지재단
2	광산구	월곡동	월곡동청소년문화의집	구립	문화의집	광산구청
3	광산구	장덕동	원당산청소년문화의집	구립	문화의집	한국스카우트연맹
4	남구	봉선동	남구청소년수련관	구립	수련관	학교법인 송원대학교
5	동구	학동	동구청소년수련관	구립	수련관	사단법인 파라미타청소년연합회(광주협회)
6	동구	황금동	광주광역시청소년삶디자인센터	시립	특화시설	전남대학교 산학협력단, (재)광주기독교청년회유지재단
7	북구	문흥동	북구청소년수련관	구립	수련관	한국청소년인권센터
8	서구	금호동	서구청소년수련관	구립	수련관	(재)광주기독교청년회유지재단
9	서구	치평동	서구청소년문화의집	구립	문화의집	지역교육네트워크 화월주
10	서구	화정동	광주광역시청소년수련원	시립	수련원	(재)한국천주교 살레시오수녀회
11	서구	화정동	광주광역시청소년문화의집	시립	문화의집	(사)광주흥사단

6. 대전

	시군구	읍면동	시설명	설치주체	시설종류	운영단체(운영자)
1	서구	만년동	평송청소년문화센터	시립	수련관	(사)대전청소년 교육연구원
2	서구	도마동	도화청소년문화의집	구립	문화의집	(사)월드유스비전
3	중구	침산동	대전청소년수련마을	시립	수련원	(사)대전청소년심신수련회
4	동구	상소동	동구청소년자연수련원	구립	수련원	(재)대전가톨릭청소년회
5	동구	원동	대전청소년위캔센터	시립	수련관	대전YWCA
6	중구	대흥동	대흥동청소년문화의집	구립	문화의집	대전YWCA
7	서구	갈마동	갈마청소년문화의집	구립	문화의집	한국걸스카우트대전연맹
8	서구	도마동	도솔청소년문화의집	구립	문화의집	(사)대전흥사단
9	서구	탄방동	탄방동청소년문화의집	구립	문화의집	소비자교육중앙회대전시지부
10	유성구	계산동	유성구유스호스텔	구립	유스호스텔	한국BBS대전충남연맹
11	유성구	죽동	유성구청소년수련관	구립	수련관	백석대학교
12	유성구	장대동	장대청소년문화의집	구립	문화의집	백석대학교
13	대덕구	법동	법동청소년문화의집	구립	문화의집	(사)대전청소년 교육연구원
14	대덕구	중리동	대덕구청소년수련관	구립	수련관	(사)대전청소년 교육연구원

7. 울산

	시군구	읍면동	시설명	설치주체	시설종류	운영단체(운영자)
1	중구	성남동	성남청소년문화의집	구립	문화의집	울산YWCA
2	중구	유곡동	중구청소년문화의집	구립	문화의집	울산YWCA
3	남구	삼호동	문수청소년문화의집	구립	문화의집	한국걸스카우트 울산연맹
4	남구	신정동	공업탑청소년문화의집	구립	문화의집	(사)마이코즈
5	동구	화정동	동구청소년문화의집	구립	문화의집	한국유네스코 울산광역시협회
6	동구	서부동	남목청소년문화의집	구립	문화의집	울산YMCA
7	북구	연암동	울산북구청소년문화의집	구립	문화의집	(사)울산청소년 교육문화공동체 함께
8	울주군	삼남면	울주군청소년수련관	군립	수련관	울주군시설관리공단
9	울주군	언양읍	울주군청소년문화의집	군립	문화의집	울주군시설관리공단

8. 경기

	시군구	읍면동	시설명	설치주체	시설종류	운영단체(운영자)
1	수원시	권선동	권선청소년수련관	시립	수련관	수원시청소년육성재단
2	수원시	영통동	영통청소년문화의집	시립	문화의집	수원시청소년육성재단
3	수원시	이의동	광교청소년수련관	시립	수련관	수원시청소년육성재단
4	수원시	정자동	장안청소년문화의집	시립	문화의집	수원시청소년육성재단
5	수원시	인계동	수원청소년문화센터	시립	수련관	수원시청소년육성재단
6	수원시	금곡동	칠보청소년문화의집	시립	문화의집	수원시청소년육성재단
7	성남시	신흥동	수정청소년수련관	시립	수련관	(재)성남시청소년재단
8	성남시	하대원동	중원청소년수련관	시립	수련관	(재)성남시청소년재단
9	성남시	서현동	분당서현청소년수련관	시립	수련관	(재)성남시청소년재단
10	성남시	정자동	분당정자청소년수련관	시립	수련관	(재)성남시청소년재단
11	성남시	판교동	분당판교청소년수련관	시립	수련관	(재)성남시청소년재단
12	성남시	양지동	양지동청소년문화의집	시립	문화의집	(재)성남시청소년재단
13	성남시	은행동	은행동청소년문화의집	시립	문화의집	(재)성남시청소년재단
14	부천시	상1동	부천시청소년수련관	시립	수련관	(재)부천여성청소년재단
15	부천시	춘의동	부천시산울림청소년수련관	시립	수련관	(재)부천여성청소년재단
16	부천시	원미1동	부천여성청소년센터	시립	문화의집	(재)부천여성청소년재단

	시군구	읍면동	시설명	설치주체	시설종류	운영단체(운영자)
17	부천시	고강본동	고리울청소년문화의집	시립	문화의집	(재)부천여성청소년재단
18	부천시	송내2동	송내동청소년문화의집	시립	문화의집	(재)부천기독교청년회유지재단
19	부천시	괴안동	소사청소년수련관	시립	수련관	(재)부천여성청소년재단
20	안양시	비산동	동안청소년수련관	시립	수련관	안양시청소년육성재단
21	안양시	호계동	호계청소년문화의집	시립	문화의집	안양시청소년육성재단
22	안양시	안양동	만안청소년수련관	시립	수련관	안양시청소년육성재단
23	안양시	석수동	석수청소년문화의집	시립	문화의집	안양시청소년육성재단
24	안양시	안양동	만안청소년문화의집	시립	문화의집	안양시청소년육성재단
25	안양시	평촌동	안양시평촌청소년문화의집	시립	문화의집	안양시청소년재단
26	안산시	성포동	안산시청소년수련관	시립	수련관	(재)안산시청소년수련관
27	안산시	일동	일동청소년문화의집	시립	문화의집	(재)안산시청소년수련관
28	안산시	사동	사동디지털문화의집	시립	문화의집	(재)안산시청소년수련관
29	안산시	선부동	선부청소년문화의집	시립	문화의집	(사)아름다운 청소년들
30	안산시	선부동	안산청소년문화의집	시립	문화의집	안산YWCA
31	안산시	선감동	경기도청소년수련원	도립	수련원	(재)경기도청소년수련원
32	용인시	삼가동	용인시청소년수련관	시립	수련관	(재)용인시청소년미래재단
33	용인시	신갈동	신갈청소년문화의집	시립	문화의집	(재)용인시청소년미래재단
34	용인시	유림동	유림청소년문화의집	시립	문화의집	(재)용인시청소년미래재단
35	용인시	풍덕천동	수지청소년문화의집	시립	문화의집	(재)용인시청소년미래재단
36	용인시	양지면	용인시청소년수련원	시립	수련원	(재)용인시청소년미래재단
37	평택시	팽성읍	팽성청소년문화의집	시립	문화의집	(재)평택시청소년재단
38	평택시	이충동	북부청소년문화의집	시립	문화의집	(재)평택시청소년재단
39	평택시	원평동	원평청소년문화의집	시립	문화의집	(재)평택시청소년재단
40	평택시	안중읍	안중청소년문화의집	시립	문화의집	(재)평택시청소년재단
41	평택시	서정동	서정청소년문화의집	시립	문화의집	(재)평택시청소년재단
42	평택시	합정동	평택시청소년문화센터	시립	수련관	(재)평택시청소년재단
43	평택시	진위면	무봉산청소년수련원	시립	수련원	(재)평택시청소년재단
44	광명시	소하동	광명시청소년수련관	시립	수련관	(재)광명시인재육성재단
45	광명시	광명동	오름청소년활동센터	시립	문화의집	(재)광명시인재육성재단
46	광명시	광명동	해냄청소년활동센터	시립	문화의집	(재)광명시인재육성재단
47	광명시	철산동	나름청소년활동센터	시립	문화의집	(재)광명시인재육성재단
48	광명시	소하2동	디딤청소년활동센터	시립	문화의집	(재)광명시인재육성재단

	시군구	읍면동	시설명	설치주체	시설종류	운영단체(운영자)
49	시흥시	대야동	시흥시청소년수련관	시립	수련관	가톨릭아동청소년재단
50	시흥시	정왕동	시흥꾸미청소년문화의집	시립	문화의집	시흥YMCA
51	군포시	당동	당동청소년문화의집	시립	문화의집	재단법인군포문화재단
52	군포시	산본동	광정동청소년문화의집	시립	문화의집	재단법인군포문화재단
53	군포시	금정동	군포시청소년수련관	시립	수련관	재단법인군포문화재단
54	화성시	병점동	화성시병점청소년수련관	시립	수련관	(재)화성시여성가족재단
55	화성시	동탄3동(능동)	나래울청소년문화의집	시립	문화의집	(재)대한성공회유지재단
56	화성시	남양읍	누림청소년문화의집	시립	문화의집	(재)화성시여성가족재단
57	이천시	부발읍	부발청소년문화의집	시립	문화의집	이천시청소년육성재단
58	이천시	창전동	창전청소년문화의집	시립	문화의집	이천시청소년육성재단
59	이천시	장호원읍	청미청소년문화의집	시립	문화의집	이천시청소년육성재단
60	이천시	창전동	이천서희청소년문화센터	시립	수련관	이천시청소년육성재단
61	김포시	걸포동	김포중봉청소년수련관	시립	수련관	김포시청소년육성재단
62	김포시	사우동	사우청소년문화의집	시립	문화의집	김포시청소년육성재단
63	김포시	통진읍	통진청소년문화의집	시립	문화의집	김포시청소년육성재단
64	김포시	양촌읍	양촌청소년문화의집	시립	문화의집	김포시청소년육성재단
65	김포시	월곶면	김포시청소년수련원	시립	수련원	김포시청소년육성재단
66	광주시	광남동	광주시청소년수련관	시립	수련관	광주시청
67	광주시	퇴촌면	경기도청소년야영장	도립	야영장	(재)경기도청소년수련원
68	안성시	낙원동	안성청소년문화의집	시립	문화의집	청소년선도위원회 안성시지부
69	하남시	덕풍동	덕풍청소년문화의집	시립	문화의집	청소년비전센터
70	의왕시	고천동	의왕시청소년수련관	시립	수련관	의왕시청소년육성재단
71	오산시	대원동	오산남부청소년문화의집	시립	문화의집	사회복지법인 유린보은동산
72	오산시	신장동	꿈빛나래청소년문화의집	시립	문화의집	오산시
73	오산시	중앙동	오산중앙청소년문화의집	시립	문화의집	한신대학교 산학협력단
74	여주시	천송동	여주시청소년문화의집	시립	문화의집	여주시장
75	과천시	문원동	과천시청소년수련관	시립	수련관	과천시장
76	양평군	양평읍	양평군청소년문화의집	군립	문화의집	휴지중
77	고양시	토당동	토당청소년수련관	시립	수련관	(사)한국스카우트연맹

	시군구	읍면동	시설명	설치주체	시설종류	운영단체(운영자)
78	고양시	마두동	마두청소년수련관	시립	수련관	(재)고양시청소년재단
79	고양시	성사동	성사청소년문화의집	시립	문화의집	(재)고양시청소년재단
80	고양시	탄현동	탄현청소년문화의집	시립	문화의집	(재)고양시청소년재단
81	남양주시	이패동	남양주시청소년수련관	시립	수련관	남양주도시공사
82	의정부시	의정부동	의정부시청소년수련관	시립	수련관	(재)의정부시청소년육성재단
83	의정부시	금오동	의정부시청소년문화의집	시립	문화의집	(재)의정부시청소년육성재단
84	파주시	동패동	교하청소년문화의집	시립	문화의집	파주YMCA
85	파주시	금촌동	금촌청소년문화의집	시립	문화의집	파주청소년문화원
86	파주시	문산읍	문산청소년문화의집	시립	문화의집	파주청소년문화원
87	파주시	와동동	운정청소년문화의집	시립	문화의집	파주YMCA
88	구리시	인창동	구리시청소년수련관	시립	수련관	(재)구리시청소년수련관
89	양주시	회천2동	양주시청소년수련원	시립	수련원	양주시
90	양주시	양주2동	양주청소년문화의집	시립	문화의집	양주시
91	포천시	소흘읍	포천시청소년교육문화센터	시립	수련관	포천시청
92	포천시	관인면	아침햇살청소년수련원	교육청	수련원	㈜바로교육문화
93	포천시	포천동	포천청소년문화의집	시립	문화의집	포천시청
94	동두천시	불현동	동두천청소년수련관	시립	수련관	동두천시장
95	동두천시	상패동	동두천청소년문화회관	시립	문화의집	동두천시장
96	가평군	상면	서울특별시교육청학생교육원	교육청	수련원	서울특별시교육청 학생교육원
97	가평군	북면	연인산다목적캠핑장	군립	야영장	가평군시설관리공단
98	가평군	가평읍	청소년문화의집	군립	문화의집	(사)월드유스비전
99	연천군	연천읍	연천군청소년수련관	군립	수련관	(재)연천군청소년육성재단
100	연천군	전곡읍	한반도통일미래센터	국립	수련원	통일부
101	연천군	연천읍	연천군청소년문화의집	군립	문화의집	(재)연천군청소년육성재단

9. 강원

	시군구	읍면동	시설명	설치주체	시설종류	운영단체(운영자)
1	춘천시	사농동	강원도청소년수련원	도립	수련원	(재)천주카톨릭청소년회
2	춘천시	죽림동	춘천시청소년문화의집	시립	문화의집	(사)춘천동부디아코니아
3	춘천시	효자동	춘천시청소년수련관	시립	수련관	춘천기독교청년회 유지재단
4	춘천시	사농동	춘천시청소년여행의집	시립	유스호스텔	춘천기독교청년회 유지재단
5	원주시	학성동	원주청소년문화의집	시립	문화의집	원주YMCA
6	원주시	중앙동	중앙청소년문화의집	시립	문화의집	원주가톨릭사회복지회
7	원주시	문막읍	문막청소년문화의집	시립	문화의집	직영
8	원주시	단계동	원주시청소년수련관	시립	수련관	원주YMCA
9	원주시	소초면	강원도치악청소년수련원	도립	수련원	한국청소년야외활동협회
10	강릉시	연곡면	강릉시청소년문화의집	시립	문화의집	강릉시장
11	강릉시	교동	강릉시청소년수련관	시립	수련관	강릉시장
12	강릉시	주문진읍	강릉시청소년해양수련원	시립	수련원	한국해양소년단 강원연맹
13	동해시	부곡동	동해시청소년수련관	시립	수련관	동해시장
14	동해시	발한동	향로청소년문화의집	시립	문화의집	동해시장
15	태백시	문곡동	문곡청소년문화의집	시립	문화의집	(사)한국청소년강원연맹
16	태백시	상장동	상장청소년문화의집(황지청소년장학센터)	시립	문화의집	(사)한국청소년강원연맹
17	태백시	철암동	철암청소년문화의집(철암청소년장학센터)	시립	문화의집	(사)한국청소년강원연맹
18	태백시	소도동	태백시청소년수련관	시립	수련관	(사)한국청소년강원연맹
19	태백시	장성동	한국청소년안전체험관	시립	특화시설	태백시
20	속초시	청호동	속초시청소년문화의집	시립	문화의집	속초YMCA
21	속초시	노학동	속초시청소년수련관	시립	수련관	속초시시설관리공단
22	삼척시	도계읍	도계청소년장학센터	시립	문화의집	삼척시장
23	삼척시	성내동	삼척시청소년수련관	시립	수련관	삼척시장
24	삼척시	원덕읍	원덕청소년문화의집	시립	문화의집	삼척시장
25	홍천군	홍천읍	홍천군청소년문화의집	군립	문화의집	홍천군수
26	홍천군	두촌면	홍천군청소년수련원	군립	수련원	홍천군수
27	홍천군	두촌면	홍천군청소년야영장	군립	야영장	홍천군수
28	홍천군	홍천읍	홍천군청소년수련관	군립	수련관	춘천YMCA

	시군구	읍면동	시설명	설치주체	시설종류	운영단체(운영자)
29	횡성군	횡성읍	횡성군청소년수련관	군립	수련관	횡성군(횡성군수)
30	영월군	영월읍	영월군청소년수련관	군립	수련관	원주YMCA
31	평창군	용평면	국립평창청소년수련원	국립	수련원	한국청소년활동진흥원
32	평창군	평창읍	평창군청소년문화의집	군립	문화의집	평창군수
33	평창군	진부면	진부청소년문화의집	군립	문화의집	평창군수
34	정선군	정선읍	정선청소년문화의집	군립	문화의집	(사)한국BBS중앙연맹
35	정선군	신동읍	신동청소년·아동 장학복지센터	군립	문화의집	(사)한국청소년연맹
36	정선군	사북읍	사북청소년장학센터	군립	문화의집	(사)한국청소년연맹
37	정선군	임계면	임계청소년문화의집	군립	문화의집	(사)한국BBS중앙연맹
38	철원군	갈말읍	철원군청소년회관	군립	문화의집	철원군수
39	철원군	철원읍	철원종합문화복지센터	군립	수련관	철원군수
40	철원군	갈말읍	철원군병영체험수련원	군립	수련원	철원군수
41	화천군	화천읍	화천청소년수련관	군립	수련관	화천군수
42	화천군	사내면	사내청소년문화의집	군립	문화의집	화천군수
43	화천군	화천읍	화천청소년야영장	군립	야영장	화천군수
44	양구군	양구읍	양구읍청소년문화의집	군립	문화의집	양구군
45	양구군	남면	남면청소년문화의집	군립	문화의집	양구군
46	양구군	동면	동면청소년문화의집	군립	문화의집	양구군
47	양구군	방산면	방산면청소년문화의집	군립	문화의집	양구군
48	양구군	양구읍	양구군청소년수련관	군립	수련관	양구군
49	양구군	양구읍	양구군청소년야영장	군립	야영장	양구군
50	양구군	해안면	해안면청소년문화의집	군립	문화의집	양구군수
51	인제군	남면	인제남면청소년문화의집	군립	문화의집	인제군
52	인제군	북면	인제북면청소년문화의집	군립	문화의집	인제군
53	인제군	기린면	인제기린면청소년문화의집	군립	문화의집	인제군
54	고성군	간성읍	고성청소년수련관	군립	수련관	고성군
55	고성군	현내면	현내청소년문화의집	군립	문화의집	고성군
56	고성군	거진읍	거진청소년문화의집	군립	문화의집	고성군
57	고성군	토성면	강원도세계잼버리수련장	도립	수련원	한국스카우트강원연맹
58	양양군	양양읍	양양군청소년수련관	군립	수련관	양양군

10. 충북

	시군구	읍면동	시설명	설치주체	시설종류	운영단체(운영자)
1	청주시	송정동	청주시청소년수련관	시립	수련관	(학)주성학원
2	청주시	수동	청주시상당청소년문화의집	시립	문화의집	한국청소년충북연맹
3	청주시	문의면	청주시청소년수련원	시립	수련원	한국스카우트충북연맹
4	충주시	호암동	충주시청소년수련원	시립	수련원	충주YWCA
5	제천시	서부동	제천시청소년문화의집	시립	문화의집	(재)단촌청소년활동개발회
6	제천시	송학면	제천시청소년수련원	시립	수련원	(사)아름다운대한민국
7	제천시	청풍면	청풍유스호스텔	구립	유스호스텔	동대문구시설관리공단
8	제천시	장락동	제천청소년문화의집	시립	문화의집	
9	보은군	보은읍	보은군청소년문화의집	군립	문화의집	(사)한국BBS충북연맹보은군지회
10	옥천군	옥천읍	옥천군청소년수련관	군립	수련관	옥천군수
11	옥천군	이원면	이원청소년문화의집	군립	문화의집	옥천군수
12	옥천군	청산면	청산청소년문화의집	군립	문화의집	옥천군수
13	영동군	영동읍	영동군청소년수련관	군립	수련관	영동군수
14	영동군	황간면	황간청소년문화의집	군립	문화의집	영동군수
15	증평군	증평읍	증평청소년수련관	군립	수련관	증평복지재단
16	진천군	초평면	진천청소년수련원	군립	수련원	진천군수
17	진천군	진천읍	진천군청소년수련관	군립	수련관	진천군수
18	진천군	덕산면	진천청소년문화의집	군립	문화의집	진천군수
19	진천군	덕산면	덕산청소년문화의집	군립	문화의집	진천군수
20	괴산군	괴산읍	괴산군청소년문화의집	군립	문화의집	괴산군수
21	괴산군	괴산읍	괴산군청소년수련원	군립	수련원	대한청소년충효단
22	괴산군	청천면	충청북도자연학습원	도립	수련원	(학)주성학원
23	음성군	생극면	음성군청소년수련원	군립	수련원	한국해양소년단연맹
24	음성군	음성읍	음성청소년문화의집	군립	문화의집	음성군
25	음성군	금왕읍	금왕청소년문화의집	군립	문화의집	(사)한국BBS충북연맹
26	단양군	단양읍	단양군청소년수련관	군립	수련관	단양군청소년수련관운영위원회
27	단양군	단양읍	단양청소년문화의집	군립	문화의집	단양청소년문화의집운영위원회
28	단양군	매포읍	매포청소년문화의집	군립	문화의집	매포청소년문화의집운영위원회

11. 충남

	시군구	읍면동	시설명	설치주체	시설종류	운영단체(운영자)
1	천안시	유량동	태조산청소년수련관	시립	수련관	백석문화대학교
2	천안시	문화동	천안시청소년수련관	시립	수련관	호서대학교
3	천안시	목천읍	국립중앙청소년수련원	국립	수련원	한국청소년활동진흥원
4	천안시	원성동	천안시청소년문화의집	시립	문화의집	천안시장
5	공주시	반죽동	공주시청소년문화센터	시립	문화의집	사)한국BBS대전충남연맹공주지회
6	보령시	대천동	보령시청소년문화의집	시립	문화의집	(사)보령시청소년교화연합회
7	보령시	성주면	보령시청소년수련관	시립	수련관	보령시시설관리공단
8	아산시	권곡동	아산시청소년교육문화센터	시립	수련관	(학)동은학원 순천향대학교
9	서산시	동문동	서산시청소년수련관	시립	수련관	(재)서산시복지재단
10	서산시	해미면	서산시청소년문화의집	시립	문화의집	(재)서산시복지재단
11	논산시	지산동	논산시청소년수련관	시립	수련관	논산시장
12	금산군	금산읍	금산청소년미래센터	군립	문화의집	금산군수
13	금산군	금산읍	금산다락원청소년수련관	군립	수련관	금산군수
14	부여군	충화면	부여군청소년수련원	군립	수련원	부여군시설관리공단
15	부여군	부여읍	부여군유스호스텔	군립	유스호스텔	부여군시설관리공단
16	부여군	부여읍	부여군청소년문화의집	군립	문화의집	부여군시설관리공단
17	서천군	서천읍	서천군청소년문화센터	군립	문화의집	(재)서울기독교청년회
18	서천군	장항읍	서천군청소년수련관	군립	수련관	(사)서천청소년문화마당 봄
19	청양군	화성면	군포시청소년수련원	시립	수련원	(재)군포문화재단
20	청양군	청양읍	청양청소년문화의집	군립	문화의집	사)청양군 사회복지법인
21	홍성군	광천읍	광천청소년문화의집	군립	문화의집	(재)홍성군청소년복지재단
22	홍성군	홍성읍	홍성군청소년수련관	군립	수련관	(재)홍성군청소년복지재단
23	예산군	예산읍	예산군청소년수련관	군립	수련관	예산군청소년복지재단
24	예산군	고덕면	예산군청소년미래센터	군립	문화의집	예산군청소년복지재단
25	태안군	태안읍	태안군청소년수련관	군립	수련관	태안군청
26	당진시	석문면	당진시청소년수련원	시립	수련원	
27	당진시	합덕읍	합덕청소년문화의집	시립	문화의집	당진시장
28	당진시	당진읍	당진청소년문화의집	시립	문화의집	당진시장

12. 전북

	시군구	읍면동	시설명	설치주체	시설종류	운영단체(운영자)
1	전주시	송천2동	솔내청소년수련관	시립	수련관	재)쌍백합청소년육성회
2	전주시	태평동	전주청소년문화의집	시립	문화의집	사회복지법인 한기장복지재단
3	전주시	중화산동2동	완산청소년문화의집	시립	문화의집	(사)삼동청소년회
4	전주시	효자4동	효자청소년문화의집	시립	문화의집	(사)아모스청소년회
5	전주시	덕진동	덕진동청소년문화의집	시립	문화의집	(사)[illegible]사단
6	군산시	송풍동	군산시청소년수련관	시립	수련관	(사)군산기독교청년회
7	군산시	조촌동	군산시청소년문화의집	시립	문화의집	(사)군산기독교청년회
8	익산시	모현동	익산시청소년문화의집	시립	문화의집	(사)삼동청소년회
9	익산시	어양동	익산시청소년수련관	시립	수련관	(사)새벽이슬
10	익산시	신동	익산유스호스텔	시립	유스호스텔	(사)삼동청소년회
11	정읍시	시기동	정읍시청소년수련관	시립	수련관	정읍YMCA
12	정읍시	신태인읍	신태인청소년문화의집	시립	문화의집	정읍시청
13	정읍시	내장상동	정읍청소년문화체육관	시립	문화의집	정읍시청
14	남원시	쌍교동	남원청소년문화의집	시립	문화의집	삼동청소년회
15	김제시	검산동	김제시청소년수련관	시립	수련관	김제시장
16	김제시	금산면	금산청소년문화의집	시립	문화의집	김제시장
17	김제시	만경읍	만경청소년문화의집	시립	문화의집	김제시장
18	김제시	부량면	국립김제청소년농업생명체험센터	국립	수련원	한국청소년활동진흥원
19	완주군	봉동읍	완주군청소년문화의집	군립	문화의집	(사)봉상청소년육영회
20	완주군	삼례읍	완주군청소년수련관	군립	수련관	완주군수
21	진안군	마령면	마이산청소년야영장	군립	야영장	파라미타청소년연합회 진안지회
22	진안군	진안읍	진안군청소년수련관	군립	수련관	진안YMCA
23	무주군	무주읍	무주청소년수련관	군립	수련관	(재)쌍백합청소년육성회
24	무주군	안성면	안성청소년문화의집	군립	문화의집	(재)쌍백합청소년육성회
25	무주군	안성면	국립청소년인터넷드림마을	국립	수련원	한국청소년상담복지개발원
26	무주군	설천면	반딧불청소년야영장	군립	야영장	무주군수
27	무주군	설천면	무주반딧불청소년수련원	군립	수련원	무주군수
28	장수군	장수읍	장수군청소년문화의집	군립	문화의집	장수군수
29	임실군	관촌면	임실군청소년수련원	군립	수련원	임실군수
30	순창군	순창읍	순창군청소년수련관	군립	수련관	전주YMCA

	시군구	읍면동	시설명	설치주체	시설종류	운영단체(운영자)
31	순창군	순창읍	순창청소년문화의집	군립	문화의집	전주YMCA
32	고창군	고창읍	고창군청소년수련관	군립	수련관	고창군수
33	고창군	성내면	성내청소년문화의집	군립	문화의집	고창군수
34	고창군	아산면	선운산유스호스텔	군립	유스호스텔	고창군수
35	고창군	흥덕면	흥덕청소년문화의집	군립	문화의집	고창군수
36	부안군	변산면	부안청소년수련원	군립	수련원	부안군수
37	부안군	부안읍	부안군청소년문화의집	군립	문화의집	부안군수
38	부안군	상서면	부안군청림청소년수련시설	군립	특화시설	부안군수

13. 전남

	시군구	읍면동	시설명	설치주체	시설종류	운영단체(운영자)
1	목포시	상동	목포시청소년수련원	시립	수련원	목포YMCA
2	목포시	무안동	목포시청소년문화센터	시립	문화의집	목포YMCA
3	여수시	미평동	여수시미평청소년문화의집	시립	문화의집	(사)한국청소년육성회여수지구회
4	여수시	학동	여수시청소년수련관	시립	수련관	여수YMCA
5	여수시	문수동	여수시여문청소년문화의집	시립	문화의집	여수YMCA
6	순천시	서면	순천시청소년수련원	시립	수련원	한국스카우트연맹
7	순천시	서면	순천시청소년수련원야영장	시립	야영장	한국스카우트연맹
8	순천시	서면	순천유스호스텔	시립	유스호스텔	한국스카우트연맹
9	순천시	행동	순천시청소년수련관	시립	수련관	순천시장
10	순천시	해룡면	순천만에코촌유스호스텔	시립	유스호스텔	순천시장
11	순천시	연향동	순천청소년문화의집	시립	문화의집	순천시장
12	나주시	죽림동	나주시청소년수련관(일송정)	시립	수련관	광주YMCA(광주기독교청년유지재단)
13	광양시	중동	광양시청소년문화센터	시립	수련관	광양YMCA
14	광양시	광양읍	광양시청소년문화의집	시립	문화의집	광양YMCA
15	담양군	담양읍	담양군청소년문화의집	군립	문화의집	담양군수
16	담양군	수북면	담양군청소년수련원	군립	수련원	(재)국제청소년교육재단
17	곡성군	곡성읍	곡성청소년문화의집	군립	문화의집	(사)푸른청소년육성개발원
18	곡성군	고달면	곡성군청소년야영장	군립	야영장	(사)푸른청소년육성개발원
19	곡성군	고달면	기차마을로즈유스호스텔	군립	유스호스텔	(사)한국리더문화협회

	시군구	읍면동	시설명	설치주체	시설종류	운영단체(운영자)
20	구례군	구례읍	구례군청소년문화의집	군립	문화의집	구례군
21	구례군	산동면	구례군청소년수련원	군립	수련원	갯돌청소년육성회
22	고흥군	동일면	국립고흥청소년우주체험센터	국립	수련원	한국청소년활동진흥원
23	고흥군	고흥읍	고흥군청소년문화의집	군립	문화의집	고흥군수
24	고흥군	봉래면	나로우주청소년수련원	국립	수련원	한국항공우주연구원
25	보성군	보성읍	보성군청소년문화의집	군립	문화의집	(재)전라남도청소년미래재단
26	보성군	보성읍	보성군청소년수련원	군립	수련원	(사)흥사단
27	화순군	화순읍	화순군청소년수련관(화순군청소년문화의집변경)	군립	수련관	화순군수
28	장흥군	장흥읍	장흥군청소년수련관	군립	수련관	(사)한들청소년센터
29	장흥군	회진면	장흥군회진청소년문화의집	군립	문화의집	회진면사무소
30	장흥군	관산읍	장흥군관산청소년문화의집	군립	문화의집	관산읍사무소
31	장흥군	대덕읍	장흥군대덕청소년문화의집	군립	문화의집	대덕읍사무소
32	장흥군	장흥읍	장흥군청소년수련원	군립	수련원	(사)남호청소년회
33	강진군	강진읍	강진군청소년문화의집	직영	문화의집	강진군
34	해남군	문내면	해남우수영유스호스텔	군립	유스호스텔	(사)월드유스비전해남군지부
35	해남군	삼산면	해남군유스호스텔	군립	유스호스텔	자연사랑메아리
36	해남군	황산면	황산청소년문화의집	군립	문화의집	(사)청소년공룡왕국
37	영암군	영암읍	영암군청소년수련관	군립	수련관	영암군수
38	영암군	삼호읍	삼호읍청소년문화의집	군립	문화의집	(사)청우인재육성회
39	무안군	현경면	무안군청소년수련관	군립	수련관	무안군
40	함평군	함평읍	함평군 청소년문화의집	군립	문화의집	(재)광주가톨릭청소년회
41	영광군	영광읍	영광군청소년문화센터	군립	문화의집	영광군수
42	장성군	황룡면	장성군청소년야영장	군립	야영장	장성군수
43	장성군	장성읍	장성군청소년수련관	군립	수련관	(사)광주기독교청소년협회
44	완도군	군외면	전라남도청소년수련원	도립	수련원	(재)전라남도청소년미래재단
45	완도군	완도읍	완도청소년문화의집	군립	문화의집	(사)꿈틀
46	완도군	노화읍	노화청소년문화의집	군립	문화의집	완도군수
47	완도군	군외면	완도청소년야영장	군립	야영장	(사)삼동청소년회
48	진도군	고군면	진도군청소년수련관	군립	수련관	(사)남호청소년회
49	진도군	고군면	진도군유스호스텔	군립	유스호스텔	(사)한국리더문화협회
50	신안군	임자면	신안군청소년수련원	군립	수련원	(사)한국청소년수련협회

14. 세종

	시군구	읍면동	시설명	설치주체	시설종류	운영단체(운영자)
1	세종시	조치원읍	조치원청소년수련관	시립	수련관	(사)삼동청소년회
2	세종시	세종시	새롬청소년문화의집	시립	문화의집	세종YMCA
3	세종시	조치원읍	세종시청소년문화의집	시립	문화의집	사)한국청소년진흥재단세종시지부

15. 경북

	시군구	읍면동	시설명	설치주체	시설종류	운영단체(운영자)
1	포항시	환호동	포항청소년문화의집	시립	문화의집	포항시시설관리공단
2	포항시	환호동	포항청소년수련관	시립	수련관	포항시시설관리공단
3	포항시	구룡포읍	구룡포청소년수련원	시립	수련원	포항시시설관리공단
4	경주시	황성동	경주청소년수련관	시립	수련관	경주시
5	경주시	산내면	경주시산내유스호스텔	시립	유스호스텔	(사)청소년서라벌문화원 정분남
6	김천시	다수동	김천시청소년문화의집	시립	문화의집	김천시
7	김천시	아포읍	경상북도청소년수련원	도립	수련원	(재)경북청소년육성재단
8	안동시	옥야동	안동시청소년수련관	시립	수련관	안동시시설관리공단
9	안동시	남후면	하아그린파크청소년수련원	시립	수련원	안동시시설관리공단
10	구미시	상모사곡동	구미시청소년문화의집	시립	문화의집	구미시
11	구미시	선산읍	구미시선산청소년수련관	시립	수련관	구미대학교
12	구미시	해평면	구미해평청소년수련원	시립	수련원	(사)청소년밝은세상
13	영주시	영주동	영주청소년문화의집	시립	문화의집	영주시
14	영주시	순흥면	영주시청소년수련원	시립	수련원	(사)한국BBS경상북도연맹
15	영주시	단산면	마락청소년수련원	시립	수련원	마락마을발전협의회
16	영주시	아지동	아지청소년야영장	시립	야영장	영주시
17	영천시	서부동	영천시청소년수련관	시립	수련관	영천시
18	영천시	문외동	영천시청소년문화의집	시립	문화의집	영천시
19	상주시	계산동	상주청소년문화의집	시립	문화의집	상주시
20	상주시	계산동	상주시청소년수련관	시립	수련관	상주시
21	문경시	모전동	문경청소년문화의집	시립	문화의집	문경시
22	문경시	불정동	문경청소년수련관	시립	수련관	문경관광진흥공단

	시군구	읍면동	시설명	설치주체	시설종류	운영단체(운영자)
23	문경시	문경읍	문경새재유스호스텔	시립	유스호스텔	문경관광진흥공단
24	경산시	서상동	경산시청소년문화의집	시립	문화의집	경산시
25	경산시	자인면	계림청소년수련원	시립	수련원	경산시
26	군위군	군위읍	군위청소년문화의집	군립	문화의집	군위군
27	의성군	의성읍	의성군청소년센터	군립	수련관	의성군
28	청송군	청송읍	청송군청소년수련관	군립	수련관	청송군
29	영양군	수비면	영양군청소년수련원	군립	수련원	영양군
30	영덕군	영덕읍	영덕군청소년문화의집	군립	문화의집	영덕군
31	영덕군	병곡면	영덕군청소년야영장	군립	야영장	영덕군
32	영덕군	영덕읍	국립청소년해양센터	국립	수련원	한국청소년활동진흥원
33	영덕군	영덕읍	영덕 바다숲 향기말 유스호스텔	군립	유스호스텔	영덕군
34	청도군	화양읍	청도군청소년수련관	군립	수련관	청도군문화체육시설사업소
35	고령군	덕곡면	옥계청소년야영장	군립	야영장	고령군
36	고령군	대가야읍	고령군청소년문화의집	군립	문화의집	고령군
37	성주군	성주읍	성주군청소년문화의집	군립	문화의집	성주군
38	칠곡군	왜관읍	칠곡군청소년수련관	군립	수련관	칠곡군
39	예천군	예천읍	예천군청소년수련관	군립	수련관	예천군
40	봉화군	봉화읍	봉화군청소년센터	군립	수련관	봉화군
41	울진군	울진읍	울진군청소년문화의집	군립	문화의집	울진군
42	울진군	울진읍	고우이청소년수련관	군립	수련관	울진군
43	울릉군	울릉읍	울릉군청소년문화의집	군립	문화의집	울릉군
44	울릉군	울릉읍	울릉군청소년수련관	군립	수련관	울릉군

16. 경남

	시군구	읍면동	시설명	설치주체	시설종류	운영단체(운영자)
1	고성군	하이면	경상남도청소년수련원	도립	수련원	한국스카우트연맹
2	창원시	청계동	마산청소년문화의집	시립	문화의집	마산YMCA
3	창원시	합성동	우리누리청소년문화센터	시립	수련관	창원시시설관리공단
4	창원시	성내동	진해청소년문화의집	시립	문화의집	창원시장
5	창원시	풍호동	진해청소년수련원	시립	야영장	(재)한가람청소년문화재단

	시군구	읍면동	시설명	설치주체	시설종류	운영단체(운영자)
6	창원시	풍호동	진해청소년수련관	시립	수련관	(재)반석청소년재단
7	창원시	중평동	진해청소년전당	시립	수련관	(재)한가람청소년문화재단
8	창원시	봉림동	봉림청소년수련관	시립	수련관	사단법인 봉림
9	창원시	봉곡동	봉림청소년문화의집	시립	문화의집	(재)한가람청소년문화재단
10	창원시	삼동동	늘푸른전당	시립	수련관	창원시시설관리공단
11	진주시	본성동	진주시청소년수련관	시립	수련관	진주시장
12	통영시	도남동	통영시청소년수련원	시립	수련원	한국해양소년단경남남부연맹
13	사천시	사천읍	사천청소년문화의집	시립	문화의집	(재단법인)사천시청소년육성재단
14	사천시	벌용동	사천시청소년수련관	시립	수련관	(재단법인)사천시청소년육성재단
15	김해시	북부동	김해청소년문화의집	시립	문화의집	김해시장
16	김해시	진영읍	김해시청소년수련관	시립	수련관	김해시복지재단
17	밀양시	내일동	밀양시청소년문화의집	시립	문화의집	법사랑위원 밀양지역연합회
18	밀양시	삼문동	밀양시청소년수련관	시립	수련관	(재)한가람청소년문화재단
19	거제시	고현동	거제시청소년수련관	시립	수련관	거제해양관광개발공사
20	거제시	고현동	고현청소년문화의집	시립	문화의집	거제해양관광개발공사
21	거제시	옥포동	옥포청소년문화의집	시립	문화의집	거제해양관광개발공사
22	양산시	주진동	양산시청소년문화의집	시립	문화의집	양산시장
23	양산시	중부동	양산시청소년회관	시립	수련관	양산시장
24	의령군	부림면	의령군청소년수련관	군립	수련관	경남홍의청소년육성회
25	함안군	가야읍	함안군청소년수련관	군립	수련관	함안군
26	창녕군	영산면	영산청소년문화의집	군립	문화의집	(재)푸른쉼터장학회
27	창녕군	이방면	우포생태촌유스호스텔	군립	유스호스텔	창녕군수
28	창녕군	창녕읍	창녕군청소년수련관	군립	수련관	(재)푸른쉼터장학회
29	창녕군	남지읍	남지청소년문화의집	군립	문화의집	(재)푸른쉼터장학회
30	고성군	고성읍	고성군청소년문화의집	군립	문화의집	고성군(고성군수)
31	하동군	금남면	하동군청소년수련원	군립	수련원	파라미타청소년연합회
32	하동군	진교면	진교청소년문화의집	군립	문화의집	하동군수
33	하동군	하동읍	하동군청소년수련관	군립	수련관	하동군수
34	산청군	산청읍	산청군청소년수련관	군립	수련관	산청군수

	시군구	읍면동	시설명	설치주체	시설종류	운영단체(운영자)
35	산청군	차황면	황매산청소년야영장	군립	야영장	부산여자기독교청년회
36	거창군	거창읍	거창군청소년수련관	군립	수련관	거창군청
37	거창군	거창읍	거창군청소년문화의집	군립	문화의집	거창군청
38	거창군	북상면	거창군월성청소년수련원	군립	수련원	거창흥사단
39	합천군	용주면	합천군청소년수련관	군립	수련관	(사)한국화랑청소년육성회경남본부
40	합천군	합천읍	합천군청소년문화의집	군립	문화의집	합천군수

17. 제주

	시군구	읍면동	시설명	설치주체	시설종류	운영단체(운영자)
1	제주시	봉개동	제주시청소년야영장	도립	야영장	(사)볼리션청소년진흥회
2	제주시	구좌읍	구좌청소년문화의집	도립	문화의집	제주시
3	제주시	건입동	제주시청소년수련관	도립	수련관	제주시
4	제주시	도남동	도남청소년문화의집	도립	문화의집	제주시
5	제주시	도평동	도평청소년문화의집	도립	문화의집	제주시
6	제주시	아라동	아라청소년문화의집	도립	문화의집	제주시
7	제주시	용담1동	용담1청소년문화의집	도립	문화의집	제주시
8	제주시	이도1동	이도1청소년문화의집	도립	문화의집	제주시
9	제주시	추자면	추자청소년문화의집	도립	문화의집	제주시
10	제주시	화북동	화북청소년문화의집	도립	문화의집	제주시
11	제주시	한림읍	한림청소년문화의집	도립	문화의집	제주시
12	제주시	애월읍	애월청소년문화의집	도립	문화의집	제주시
13	제주시	봉개동	명도암유스호스텔	도립	유스호스텔	(사)볼리션청소년진흥회
14	제주시	구좌읍	비자림청소년수련원	도립	수련원	제주흥사단
15	제주시	한림읍	제주청소년수련원	도립	수련원	제주흥사단
16	서귀포시	강정동	서귀포시청소년수련관	도립	수련관	서귀포시
17	서귀포시	대정읍	대정청소년수련관	도립	수련관	서귀포시
18	서귀포시	안덕면	안덕청소년수련원	도립	수련원	대평리마을회
19	서귀포시	강정동	강정청소년문화의집	도립	문화의집	강정동마을회

	시군구	읍면동	시설명	설치주체	시설종류	운영단체(운영자)
20	서귀포시	남원읍	남원청소년문화의집	도립	문화의집	서귀포시
21	서귀포시	법환동	법환동청소년문화의집	도립	문화의집	법환마을회
22	서귀포시	서귀동	서귀포시청소년문화의집	도립	문화의집	서귀포YWCA
23	서귀포시	동홍동	동홍청소년문화의집	시립	문화의집	서귀포시
24	서귀포시	서귀동	송산청소년문화의집	도립	문화의집	송산동청소년지도협의회
25	서귀포시	성산읍	신산청소년문화의집	도립	문화의집	서귀포시
26	서귀포시	안덕면	안덕청소년문화의집	도립	문화의집	서귀포시
27	서귀포시	상예동	예래청소년문화의집	도립	문화의집	예래동주민자치위원회
28	서귀포시	표선면	표선청소년문화의집	도립	문화의집	서귀포시
29	서귀포시	하효동	하효청소년문화의집	도립	문화의집	하효마을회장
30	서귀포시	중문동	중문청소년문화의집	도립	문화의집	서귀포시장
31	서귀포시	성산읍	모구리야영장	도립	야영장	서귀포시
32	서귀포시	하원동	용산제주유스호스텔	공공	유스호스텔	용산구청

청소년 지도사라 다행이야

초판 1쇄 인쇄	2019년 1월 10일
초판 1쇄 발행	2019년 1월 25일

지은이	광진청소년수련관 시끌

펴낸이	최재훈
책임편집	한수진
디자인	박자영
만화	은정수
사진	채희정
기획	오광진, 최보라, 김진영, 조성현
펴낸곳	도서출판 경계

출판등록	2011년 1월 19일, 제2012-000279호
주소	서울시 마포구 동교로 129, 형진빌딩 301-B
전화	02-3144-1313
팩스	02-3144-0852
이메일	gyeonggyebooks@gmail.com

값	11,000원
ISBN	978-89-969403-6-4 (03370)
인쇄	(주)신사고하이테크
용지	**표지** 랑데부 210g, **내지** 뉴플러스(미색) 100g, **면지** 밍크지 120g

이 도서의 국립중앙도서관 출판예정도서목록(CIP)은 서지정보유통지원시스템 홈페이지(http://seoji.nl.go.kr)와 국가자료공동목록시스템(http://www.nl.go.kr/kolisnet)에서 이용하실 수 있습니다.
(CIP 제어번호: 2019000959)